쓰면서 응답받는
감사기도

Wrighting Book
주님과 함께하는
라이팅북

쓰면서 응답받는 감사기도

유성준 엮음

평단

우리 주 예수 그리스도여
우리가 하는 모든 일을 도우소서.
우리를 당황하게 하는 일이 있을 때 인도하시고
우리를 위험하게 하는 일이 있을 때 보호하시고
우리를 슬프게 하는 일이 있을 때
당신의 평화를 주소서.
아멘.

아우구스티누스

리라이팅 가이드

믿음의 선배들이 고백한 기도문으로
하나님과 날마다 가까워지는 리라이팅 북

언제 이 책을 쓰면 좋을까요?

아침 묵상 시간
친구를 기다릴 때
카페에서 커피 한 잔 마실 때
혼자 있고 싶을 때
하나님과 깊은 교제가 필요할 때
내 마음의 위로가 필요할 때
상처받았을 때
혼자라는 생각이 들 때
그리고 언제든지……

준비물 맑은 마음, 기도, 필기도구(연필이나 아끼는 펜, 만년필, 예쁜 색깔펜), 폭신한 방석, 차 한 잔, 고요한 음악 정도면 충분해요.

마음 상태에 따라 글을 찾을 수 있을까요?

Part 1 영혼이 곤고할 때 찾아야 할 분은 주님이십니다.
주님의 위로를 구할 때, 이 장을 펼쳐 주세요.
어느새 우리의 곤경과 어려움에 감사하게 됩니다.
그 안에 감춰진 주님의 뜻을 발견하게 됩니다.

Part 2 우리의 슬픔을 주님께서 기쁨으로 바꾸어 주십니다.
주님의 위로를 받은 후 우리는 기쁨으로 나아갑니다.
슬픔과 우울과 권태를 벗어나 활기참과 명랑함을 바라며
글을 옮겨 보세요.

Part 3 순간순간이 예배입니다.
그분을 찬양하며 가까이 가려는 마음을 엮었습니다.
한 글자 한 글자 꾹꾹 눌러 쓰는 정성,
그것도 예배가 되지 않을까요?

Part 4 세상이 줄 수 없는 영혼의 평안, 참된 평화가
우리 안에 있습니다.
내 삶의 고요함이 필요할 때 시와 기도를 옮겨 적어 봅시다.

Part 5 함께할 때 우리는 행복합니다.
빛과 소금이 되는 삶을 살 때, 주님이 기뻐하시겠지요?
세상과 이웃을 품는 글을 모았습니다.
좀 더 밝은 세상을 꿈꿀 때 글을 옮겨 보세요.
누군가를 위해 중보하고 싶을 때 펜을 들어 보세요.

이 책은…

믿음의 선배들이 남긴 글과 시를 소개했습니다.
이것을 옮겨 적으면 됩니다. 이렇게요.
글씨를 잘 쓰면 좋겠지만 정성스런 글씨면 충분합니다.

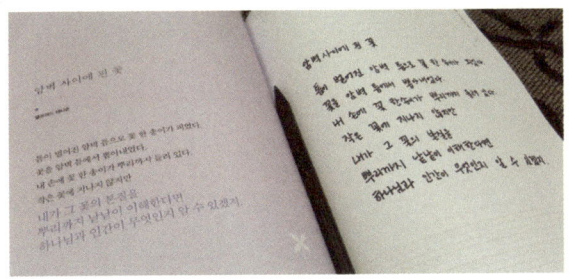

우리 마음에 새길 만한 위인이나 문학가,
신앙인의 명언을 담았습니다.

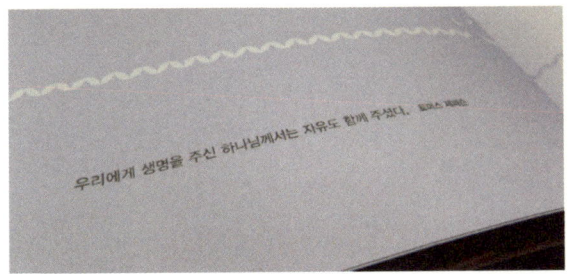

그리스도인의 생활에서 감사는 빼놓을 수 없지요.
감사일기를 쓸 수 있는 공간이 있습니다.

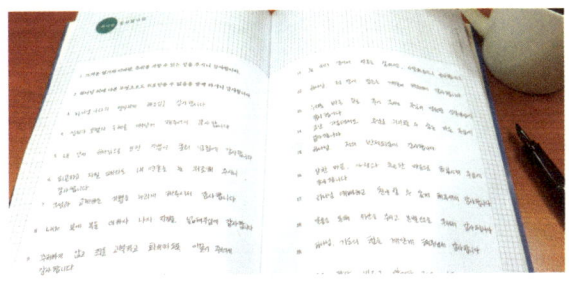

머리말

다원화되어 가는 세대에 너무 바빠서 기도할 시간이 없다는 그리스도인들이 많습니다. 그러나 하나님이 자신을 계시하는 가장 중요한 수단은 하나님 말씀입니다. 그리고 우리가 하나님 앞에 나갈 수 있는 가장 중요한 수단은 기도입니다. 그래서 바울은 믿음의 아들 디모데에게 "말씀과 기도로 거룩해지고 말씀과 경건에 관한 교훈에 착념하라"(디모데전서 4:5, 6:3)고 했습니다. 말씀과 기도 없이 이 거친 세상을 믿음으로 살아갈 수 없습니다.

이 책은 기도할 시간이 없다는 그리스도인들에게 어쩌면 고단함을 줄지도 모르겠습니다. '기도할 시간도 없는데 필사라니!' 하며 외면할지도 모르겠습니다.

그러나 필사는 힘이 있습니다. 필사는 새로운 세계로 안내합니다. 텍스트가 가진 울림과 힘을 알게 됩니다. 종이 위에 박힌 활자들이 살아나 가슴을 흔듭니다. 목소리로 드리는 기도에서 벗어나 손으로 옮겨 쓰면서 온몸으로 기도하게 됩니다.

이 책은 교회 역사 속에서 수많은 사람에게 영감을 주었던 위대한 믿음의 선진들의 영적인 기도 노트라고 할 수 있습니다. 초대교회 교부, 중세 수도원의 수도사, 종교 개혁자, 이름 없이 살다간 무명의 그리스도인……. 그들의 고백과 다짐, 울부짖음, 회개, 하나님과의 내밀한 대화 등을 소개하고 있지만, 특별히 여러분을 위한 공간이 있습니다. 그 공간을 당신이 한 글자 한 글자 채워가며 하나님과의 만남을 통해 인생을 향한 하나님의 뜻을 깨닫고 위로받고 치유 받고 자신을 돌아볼 수 있을 것입니다.

필사를 하며 믿음의 선진들이 당했던 말할 수 없는 고통과 아픔, 고백 그리고 하나님께 받은 위로가 고스란히 당신에게로 옮겨집니다. 그들도 우리와 똑같은 성정을 가진 인간이었습니다. 그들도 때로는 하나님을 부정하고 자신이 가야 할 십자가의 길을 외면하고 싶었습니다. 하나님의 일을 하는 사람에게 왜 고난을 주시는지 이해되지 않기도 했습니다. 우리는 이 책에서 그들의 솔직한 고백을 만날 수 있습니다. 그래서 멀게만 느껴지던, 내가 도달할 수 없는 경지에 있는 사람들이 어느새 친밀하게 느껴지는 경험을 하게 될 것입니다.

요즘 필사를 위한 책들이 비기독교인들에게도 많은 유익을 준다고 합니다. 힐링의 수단으로, 마음의 위안을 얻는 데 도움이 된다고 합니다. 아날로그 감성을 되살리며 디지털에 피곤함을 느낀 사람들에게 휴식이 된다고 합니다. 정성 들여 손 글씨를 쓰는 것이 재미있다고 말하는 이도 있고요.

물론 이 책도 그런 유익이 있을 것입니다. 그러나 이 책은 여기서 머무르지 않습니다. 개인적인 깨달음과 위안에 머무르지 않고 세상을 품을 수 있는 마음을 줄 것입니다. 무엇보다 하나님과의 내밀한 교제를 통해 하나님을 만날 수 있는 책, 그분을 알 수 있는 책, 나를 향한 그분의 뜻이 무엇인지 생각하게 하는 책이 될 것입니다. 통렬한 반성과 회개가 있고 나 자신의 유익을 넘어 나를 희생하며 이웃과 세상을 위한 삶을 결단하도록 도전하며 그리스도인다운 삶을 살게 할 것입니다.

아무쪼록 이 책을 통해 더욱 하나님과 가까워지기를 바랍니다. 필사를 하며 하나님이 주시는 위로와 은혜를 경험하기를 바랍니다. 그리고 그분으로 인한 충만함이 얼마나 기쁘고 행복한 일인지 깨닫고 주변에 알려 주시기 바랍니다.

화성 봉담골에서
유성준 목사

차례

리라이팅 가이드 · 005
머리말 · 008

Part 1 당신이 곁에 가까이 계시지 않으면
저는 쉴 수 없습니다

당신만을 원합니다　라빈드라나트 타고르 · 018
버림받은 느낌이 들 때　피터 마셜 · 020
그대 곁에 언제나　로웰 알렉산더 · 022
홀로 내버려 두지 마소서　헨리 나우웬 · 024
괴로움이 찾아와도　우치무라 간조 · 026
한 작은 기도　새뮤얼 E. 키서 · 028
고통에서 벗어나 저 높은 곳으로　자코포네 다 토디 · 030
주님, 숨을 곳이 없습니다　캔터베리의 안셀무스 · 032
쿠이 보노　토머스 칼라일 · 034
저 밤하늘 별들을 넘어　요크의 앨퀸 · 036
비참한 형편을 살피소서　제인 그레이 · 038
당신을 저에게 주신 것처럼　프레더릭 맥너트 · 040
무엇을 구해야 할까요?　프랑소와 페넬론 · 042
생명이 티끌로 사라질 때　유대 속죄절의 기도 · 044
영혼의 집　아우구스티누스 · 046
묵상으로 초대　안셀무스 · 048
핍박받을 때　커버데일 · 050
약속을 바라보며　에라스뮈스 · 052
좋은 길을 가고 있어요　아빌라의 테레사 · 054

간절한 소원 에이미 카마이클 · 056
저의 탄원을 들어주소서 십자가의 요한 · 058
당신 음성이 들리지 않을 때 헨리 주조 · 060
우리에게 강한 폭풍이 되시어 호일랜드의 길버트 · 062
주님, 제게 돌아와 주십시오 요한 스타르크 · 064

Part 2

지난날 제 영혼은 슬펐습니다
그러나 지금은 기쁨이 넘칩니다

새 아침 존 던 · 070
노래하는 기쁨에 취해 라빈드라나트 타고르 · 072
인디언 수우족의 기도 작자 미상 · 074
순수의 노래 윌리엄 블레이크 · 076
하나님은 충실한 농부 우치무라 간조 · 078
모든 것을 기쁨으로 마더 테레사 · 080
내가 만일 에밀리 디킨슨 · 082
암벽 사이에 핀 꽃 앨프리드 테니슨 · 084
부유함을 하찮게 여기네 에밀리 브론테 · 086
무엇이 깊을까요? 크리스티나 로제티 · 088
기도 헤르만 헤세 · 090
무엇이 되든 최고가 되어라 더글러스 맬록 · 092
기쁨을 가득 채우시는 분 베르나르 디 클레르보 · 094
창조적인 일을 위한 기도 소피 번햄 · 096
흉패 패트릭 · 098
당신의 사랑은 신비롭습니다 마그데부르크의 메히트힐트 · 100

내게 주신 삶 속에서 테드 로더 · 102

우리 영혼은 너무나 귀하다 노리치의 줄리안 · 104

문이 활짝 존 버니언 · 106

사슬이 끊어지고 찰스 웨슬리 · 108

당신이 있기에 카르투지오의 귀고 · 110

당신은 누구십니까? 성 빅토르의 아담 · 112

오시옵소서, 나의 생명이시여 조지 허버트 · 114

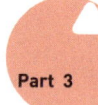

Part 3

우리가 마음을 열면 당신의 사랑이
조용히 우리 영혼을 적십니다

침묵의 기도 토머스 머튼 · 120

아름다운 우주에서 우치무라 간조 · 122

노동이 곧 기도 로렌스 형제 · 124

고요한 이 시간에 존 베일리 · 126

당신의 아름다움으로 제 추함을 덮어주소서 제노바의 카테리나 · 128

제 눈물로 당신의 발을 닦게 하소서 밀라노의 암브로시우스 · 130

당신은 꺼지지 않는 빛 카를 바르트 · 132

세세토록 당신께 영광이 작자 미상 · 134

그분 사랑 안에서 기쁘게 하소서 작자 미상 · 136

우리 의지를 번제물로 태워주소서 살레지오 프랑시스코 · 138

날마다 죽음을 눈앞에 두고 성 베네딕트 · 140

따뜻한 집을 지어주고 월터 라우션부시 · 142

온전케 하소서 폴리캅 · 144

선하신 주님, 은혜를 주소서 토머스 모어 · 146

주의 인도하심을 바라며 미켈란젤로 · 148
하루를 시작하면서 토머스 아 켐피스 · 150
기도 시에나의 카타리나 · 152
햇빛보다 밝으신 분 조지 매드슨 · 154
살아서나 죽어서나 에라스뮈스 · 156
우리는 주님의 것입니다 키르케고르 · 158
당신 안에 머물러 헨리 스콧 홀랜드 · 160
당신의 은혜와 사랑이면 충분합니다 이그나티우스 로욜라 · 162
성경으로 은총을 오리게네스 · 164
당신만을 생각하며 콜롬바누스 · 166
당신은 영혼을 적시는 분 리보의 엘레드 · 168

근심은 백합꽃 사이로 사라지고

Part 4

평화를 위한 기도 아시시의 프란체스코 · 174
집을 위한 기도 루이스 언터메이어 · 176
여유 윌리엄 헨리 데이비스 · 178
체로키 인디언의 축원기도 작자 미상 · 180
당신의 집은 하늘에 있습니다 토머스 아 켐피스 · 182
근심은 백합꽃 사이로 사라지고 십자가의 요한 · 184
맑고 투명한 수정처럼 마더 테레사 · 186
영원한 선물 빅토르 위고 · 188
유트족 인디언의 기도 작자 미상 · 190
제 마음에 당신의 나라가 임하소서 장 피에르 드 코사드 · 192

내일 아침 가볍게 일어나 존 베일리 · 194
안전한 항구로 알렉산드리아의 클레멘트 · 196
하늘에 햇빛만 가득하다면 헨리 밴 다이크 · 198
당신은 어느 쪽인가요? 엘러 휠러 윌콕스 · 200
지친 마음에 평화를 밀라노의 암브로시우스 · 202
잠자는 동안에도 장 칼뱅 · 204
켈트족의 기도 작자 미상 · 206
바다가 사납고 파도가 거세도 가이사리아의 바실리우스 · 208
나치 수용소에서 발견된 기도문 작자 미상 · 210
에티오피아 인의 기도 작자 미상 · 212
주님께 기도 아우구스티누스 · 214
당신 안에서 모든 것이 되도록 에라스뮈스 · 216
날마다 충실히 살고 순간마다 충실히 즐기며 라인홀트 니부어 · 218
고요함의 충만 프랑수아 샤뇨 · 220
우리 눈을 열어주소서 리스티나 로제티 · 222
위로 존 코신 · 224
평안한 양심으로 하루를 마감하게 하소서 나지안주스의 그레고리 · 226

Part 5

서로를 알게 해 줄
따뜻한 집에서 함께 쉬어요

하나님을 위한 삶 헤르마스 · 232
유혹에 당당히 맞서게 하소서 윌리엄 로드 · 234
긍휼 헨리 나우웬 · 236
상한 심령을 지나치지 말고 게릿 구스타프슨 · 238

다른 이들의 궁핍을 잊지 않고 다그 함마르셸드 · 240

길 나서는 이를 위한 축도 독일 찬송가 속지에 실린 글 · 242

아들을 위한 기도 더글러스 맥아더 · 244

모퉁이를 밝힌다면 헬렌 스타이나 라이스 · 246

다가오는 날에는 윌리엄 바클레이 · 248

당신 그리고 나 헨리 앨포드 · 250

승리의 깃발을 히폴리투스 · 252

우리에게 선물로 주신 일에 충성을 장 칼뱅 · 254

두려움이 아닌 사랑과 힘을 에드워드 벤슨 · 256

저를 도와주소서 리처드 챌로너 · 258

나의 말이 좋은 씨가 되게 하소서 미셸 끄와 · 260

따뜻한 집에서 함께 쉬어요 크리스티나 볼드윈 · 262

아일랜드 인의 기도 작자 미상 · 264

당신의 자비를 날마다 기억하겠습니다 살레지오 프랑시스코 · 266

아프리카 인의 기도 작자 미상 · 268

아침 기도를 드리기 전 오래된 하시디즘의 시 · 270

중보기도 알렉산드리아의 클레멘트 · 272

빈 그릇 마르틴 루터 · 274

당신의 눈길을 사모하게 해 주소서 친첸도르프 · 276

저를 이끌어주소서 요한 프레이링하우젠 · 278

사랑 에드윈 마크햄 · 280

재림을 바라는 기도 토머스 크랜머 · 282

여호와는 나의 목자시니 내가 부족함이 없으리로다
그가 나를 푸른 풀밭에 누이시며 쉴 만한 물가로 인도하시는도다
내 영혼을 소생시키시고 자기 이름을 위하여 의의 길로 인도하시는도다
내가 사망의 음침한 골짜기로 다닐지라도
해를 두려워하지 않을 것은 주께서 나와 함께 하심이라
주의 지팡이와 막대기가 나를 안위하시나이다
주께서 내 원수의 목전에서 내게 상을 차려 주시고
기름을 내 머리에 부으셨으니 내 잔이 넘치나이다
나의 평생에 선하심과 인자하심이 반드시 나를 따르리니
내가 여호와의 집에 영원히 살리로다

〈시편〉 23편

Part 1

당신이

곁에 가까이

계시지 않으면

저는 쉴 수

없습니다

당신만을 원합니다

라빈드라나트 타고르

제가 당신을, 오직 당신만을 원한다는 것을
제 마음이 끝없이 되뇌게 하소서.
밤과 낮, 저를 어지럽히는 온갖 욕망
그것은 거짓이며 공허합니다.
밤이 어둠 속에 빛을 향한 탄원을 감추듯
제 심연의 바닥에
나는 당신을
오직 당신만을 원한다는 외침이 울리고 있습니다.
폭풍이 있는 힘을 다해 화평을 깨도
평화로이 잦아들기를 바라듯
저는 당신 사랑을 거칠게 저항하면서도
여전히 외칩니다.
당신만을 원한다고,
당신만을 원한다고.

신은 우리의 의지를 시험하기 위해 길마다 여러 장애물을 놓으셨다.   라빈드라나트 타고르

019

당신만을 원합니다

버림받은 느낌이 들 때

피터 마셜

아버지, 때로 당신이
우리와 아주 멀리 떨어져 계신 것처럼 느껴질 때가 있습니다.
숨어 계시는 것 같고
당신을 찾는 자들을 피하기로 마음먹은 것 같기도 합니다.
하지만 당신은 우리가 당신을 찾는 것보다
당신이 우리에게 발견되기를 더욱 원하신다는 것을 압니다.
당신은 약속하셨습니다.
"너희가 마음을 다하여 나를 찾으면 반드시 나를 찾게 되리라."
또한 당신은 언제나 우리와 함께하겠다고 분명히 말씀하셨습니다.
우리와 동행하시며 모든 일을 함께하시는 당신을 알고 싶습니다.
버림받은 느낌이 들 때도
모든 사람의 마음을 위로하시는 성령의 임재를 깨닫고
기꺼이 자기 자신을 굴복하게 하소서.
우리가 올라가서 당신께 다다르기 전에
당신이 먼저 내려오시어 우리를 맞이한다는 것을
몸으로 알게 하소서.

희망은 비용이 전혀 들지 않는다. 콜레트

021

버림받은 느낌이 들 때

그대 곁에 언제나

로웰 알렉산더

그대 험준한 산과 머나먼 사막 길과
깊은 골짜기를 만나리니.
때론 여정이 순탄하나 때론 찬바람이 몰아치리라.
그러나 나, 그대 기억하길 바라네.
알기 원하네.
그대 혼자 가는 길이 아님을.
그대 바로 곁에 언제나 예수님이 계심을.

023
그대 곁에 언제나

홀로 내버려 두지 마소서

헨리 나우웬

오, 주님! 제 기도를 들어주소서.
당신께 돌아가려는 제 소원을 들어주소서.
이 싸움에서 저를 홀로 두지 마소서.
영원한 저주에서 구원하시어
아름다운 당신의 얼굴을 보게 하소서.
오소서, 주 예수여! 오소서.

홀로 내버려 두지 마소서

괴로움이 찾아와도

우치무라 간조의 《일일일생》 중에서

병들어도 좋습니다.
나는 단지 하나님의 거룩한 뜻을 알고 싶을 뿐입니다.
가난해도 좋습니다.
나는 단지 하나님의 거룩한 뜻을 알고 싶을 뿐입니다.
미움을 받아도 좋습니다.
나는 단지 하나님의 거룩한 뜻을 알고 싶을 뿐입니다.
나에게 불행이 있다면
하나님의 거룩한 뜻을 모르는 것입니다.
나는 질병을 두려워하지 않고,
가난을 두려워하지 않고,
고독을 두려워하지 않습니다.
단지 하나님께 버림받아 그분의 거룩한 뜻이
내게 전달되지 않을까 봐 두렵습니다.
하나님이시여,
원하오니 내게 그런 괴로움이 찾아와도
하나님과 나 사이에 성령의 교통은 끊어지지 않게 하소서.

어떤 경우에도 기쁨이 크면 클수록 그에 앞서 괴로움도 크다.   아우구스티누스

027

괴로움이 찾아와도

한 작은 기도

새뮤얼 E. 키서

눈이 먼 상태에서 더듬어 찾지 않게 하시고
맑은 비전으로 언제나 희망의 말을 하며
언제 유익한 원기를 더할 수 있는지 알게 하소서.

모닥불이 꺼져 갈 때
얇게 차려입은 꼬마들이 모닥불 앞에 둘러앉아
지금껏 누려본 일이 없는
즐거움을 그려보는 때에
부드러운 바람이 살며시 불어오게 하소서.

내가 살아온 세월 동안
내가 한 말이나
내가 얻으려고 애쓴 이득으로
가슴 아픈 일도
두 볼이 젖는 일도 없게 하소서.

길을 가다가 돌이 나타나면 약자는 걸림돌이라고 말하고, 강자는 디딤돌이라고 말한다.　토머스 칼라일

029

한 작은 기도

고통에서 벗어나 저 높은 곳으로

●
자코포네 다 토디

주님, 어째서 당신은 무자비한 사랑으로 저에게 상처를 입히시나요?
사랑의 밧줄로 왜 저를 묶으시나요?
이렇게 가슴이 떨리고 영혼은 찢어지는데
저를 고통의 용광로에 어찌하여 던지시나요?
불 위의 밀랍처럼 죽음으로 녹아드는 제 몸이 느껴집니다.

오, 그리스도, 당신이 어떤 분인지 알기도 전에
오, 주님, 당신의 무자비를 먼저 겪습니다.
저에게 자비를 베푸소서.
그 자비가 저에게 평안을 줄 것입니다.
그러면 제 영혼은 고통에서 벗어나
저 높은 곳으로 올라갈 것입니다.
그러나 지금 제 고통은
상상하지도 못할 정도로 지독합니다.
가슴을 인두로 지지는 것 같은 뜨거움이
무더운 한여름을 추운 겨울로 만들어버립니다.
당신의 사랑은 어떤 것으로도 표현할 수 없습니다.
도피처로 죽음이 허락된다면, 기꺼이 죽겠습니다.

주님, 주님 외에 누가 쓰라림에서 달콤함을, 고통에서 쾌락을 자아낼 수 있나요?
이 얼마나 경이로운 일인지요. 깊을수록 그만큼 치유의 기쁨이 큰 제 영혼의 아픈 상처들!　십자가의 요한

031

고통에서 벗어나 저 높은 곳으로

주님, 숨을 곳이 없습니다

캔터베리의 안셀무스

주님, 살아가는 일이 두렵습니다.
저의 인생이 온통 죄로 가득 찬 불모지 같습니다.
제가 열매를 맺는다면
그것은 거짓이나 부패겠지요.
제가 하는 일이
당신을 기쁘게 해드리지 못하는 것 같습니다.
차마 제 모습을 보여 드리지 못해 숨고 싶지만
저는 그럴 곳이 없습니다.
무슨 일이 저에게 일어날까요?
누가 당신의 진노에서 저를 지켜줄까요?
어디가 안전한 곳일까요?
주님, 심판관이신 당신 앞에서 떨고 있는 저를 봅니다.
그러나 저를 구원해 주실 분 또한 당신입니다.
당신이 두렵지만 당신을 믿습니다.
당신에게서 달아나고 싶지만 당신에게로 달려갑니다.
예수님, 예수님, 당신 사랑으로 저를 대해 주소서.
예수님, 예수님, 당신께 지은 죄를 용서하시고
저를 긍휼히 여기소서.
더없이 친절하신 주님.
당신께 속한 모든 것으로 저를 채워주시고
당신께 낯선 모든 것이 저에게 있다면 거두어 가소서.

033

주님, 숨을 곳이 없습니다

쿠이 보노

토머스 칼라일

삶이란 무엇일까? 녹고 있는 얼음 땅
햇볕 따스한 해변에 떠 있는 것.
즐겁게 타고 가지만 아래서부터 녹아들어
우리는 가라앉고 보이지 않게 된다.

인간이란 무엇일까? 어리석은 아가
헛되이 노력하고 싸우고 안달하고
자격도 없으면서 많은 것을 원하지만
얻는 것은 그저 작은 무덤뿐.

• 쿠이 보노 _ '라틴어로 무슨 소용이 있는가'라는 뜻

쿠이보노

저 밤하늘 별들을 넘어

•
요크의 앨퀸

그리스도시여!
어찌하여 이 땅에 전쟁과 학살을 허락하십니까?
무고한 사람들이 잔혹하게 박해당하는 것은
무슨 감추어진 심판입니까?
모르겠습니다.
다만 저는 확실히 압니다.
당신 백성이 하늘에서 평화를 얻으리라는 것,
그곳은 전쟁이 없다는 것,
그것만 알 뿐입니다.
황금이 불로 순화되듯
육신의 시련으로 영혼이 맑아져
저 밤하늘 별들을 넘어
당신의 하늘에 들어갈 준비를 하게 하소서.

037

저 밤하늘 별들을 넘어

비참한 형편을 살피소서

제인 그레이

오, 자비로우신 하나님!
저의 비참한 형편을 살피소서.
당신은 누구보다 저를 잘 아십니다.
겸손하게 청하오니 저에게 튼튼한 방어벽이 되어주소서.
제 힘으로 감당할 수 없는 시련은 허락하지 마시고
혹독한 상황에서 저를 건져주시든지
당신의 무거운 손과 날카로운 징계를 견딜 수 있는 은총을 주소서.

당신의 즐거움 안에 머물며
당신이 저에게 주신 시련이
결국 저에게 유익이 된다는 것을 깨달아
위안이 되게 하소서.

비참한 형편을 살피소서

당신을 저에게 주신 것처럼

●
프레더릭 맥너트

주님, 저에게 보이지 않는 것을 시도하고
실험하는 믿음을 주소서.
그 믿음이 진리이신 당신이 주시는 것임을 알게 하시어
의심이 저를 사로잡거나
어둠이 저를 엄습하지 못하게 하소서.
저에게 희망을 주시어
당신의 분명한 약속을 따라가되
길을 잃거나 딴 길로 가는 일이 없게 하소서.
저에게 사랑을 주시어
당신이 당신을 저에게 주신 것처럼
저도 당신께 저를 드리게 하소서.
오, 주 하나님!
당신만이 제가 동경하는 모든 것이며
당신이 인간의 모든 생각과 갈망 너머에서 내리는 축복이기 때문입니다.

041

당신을 저에게 주신 것처럼

무엇을 구해야 할까요?

프랑소와 페넬론

주님!
당신께 무엇을 구해야 할까요?
당신은 저에게 필요한 것이 무엇인지 아십니다.
제가 저를 사랑하는 것보다
당신이 저를 더 사랑하십니다.
아버지, 무엇을 구해야 할지 모르는 그것을
당신의 자녀에게 주십시오.
부수든 고치든 끌어내리든 높이든
당신 뜻대로 하십시오.
당신의 뜻을 잘 알지 못해도
저는 당신의 모든 뜻을 경애합니다.
조용히 저를 산 제물로 바칩니다.
저를 당신께 드립니다.
당신 뜻 외에는 바라는 것이 없습니다.
기도하는 법을 제게 가르쳐주소서.
당신은 제 안에 계십니다.

043

무엇을 구해야 할까요?

생명이 티끌로 사라질 때

유대 속죄절의 기도

생명은 참으로 여리고
하루하루는 참으로 덧없습니다.
티끌로부터 태어나 우리는 당신을 찬양합니다.
생명이 티끌로 사라질 때 우리는 떠나겠지요.
생명은 참으로 여리고 우리는 당신을 찬양합니다.
생명은 질그릇처럼 깨어지고
풀잎처럼 말라갑니다.
꽃처럼 금세 시들고
그림자처럼 스쳐 지나갑니다.
우리는 구름처럼 사라지고
바람처럼 한숨 쉬며
티끌처럼 먼바다로 날아가고
꿈처럼 없어집니다.

생명이 티끌로 사라질 때

영혼의 집

아우구스티누스

오, 주여!
내 영혼이 안식하며 머물 집이 너무 작습니다.
당신을 모실 수 있도록 넓혀주시고
너무 낡았으니 고쳐주소서.
이곳이 당신을
언짢게 했음을 고백합니다.
하지만 그것을 누가 깨끗하게 하고
내가 누구에게 애걸하겠나이까?
오, 주여!
숨겨진 결점에서 나를 정결하게 하시고
당신의 종이
알지 못하는 죄악에 있다면
용서하소서.

영혼의 집

묵상으로 초대

● 안셀무스

그대여, 잠시 동안 그대 일상의 매임에서
그대의 생각을 혼란하게 하는 시간에서 벗어나라.
어려운 걱정거리는 뒤로하고
흐트러진 무거운 짐은 그대로 두어라.
하나님을 향하여 잠시 자유하고
그 안에서 쉬어라.
그대 영혼의 깊은 방으로 들어가
하나님을 향하는 문이 아니면 모두 닫으라.
그대를 도울 수 있는 것은
하나님을 찾는 것,
모든 문을 닫았으면 하나님을 찾으라.
그리고 온 마음을 다해 그에게 말하라.
"내가 당신의 얼굴을 구하오니
주여, 이것이 내가 구하는 당신의 얼굴이오니……."

049

묵상으로 초대

핍박받을 때

●
커버데일

하나님, 악한 자가 우리를 무너뜨릴 때
우리에게 참을 힘을 주소서.
억울하게 잡혀가고
감금되고 상하게 됨을 생각할 때마다
화가 나서 견딜 수 없었습니다.
그리스도께서는 뺨을 맞는 모욕을 당해도
아무런 말씀을 하지 않으셨는데
우리는 그리스도를 위한다면서
거친 말 한 번에도 분을 냈습니다.

오, 주님, 우리에게 덕과 인내와
능력과 힘을 주소서.
그리하면 우리의 모든 역경을
선한 의지와 온유한 마음으로 이길 수 있습니다.
만일 어쩔 수 없이
주님이 우리로 말하게 하신다면
온순함과 오래 참음으로
말하게 하셔서
진리와 주님의 영광을
지키게 하소서.

051

핍박받을 때

약속을 바라보며

●

에라스뮈스

오, 주 예수 그리스도시여!
당신은 우리의 길이요, 진리요,
생명이라고 말씀하셨습니다.
주여, 우리가 길 되신 당신에게서
잠시도 떠나지 않게 하시며,
진리의 약속을 의심하지 않게 하시고
**생명이신 당신 말고는
어떤 것도 의지하지 않게 하소서.**
당신이 아니면
하늘과 땅에 바라고 사모할 것이
우리에게 있겠습니까?
아멘.

053

약속을 바라보며

좋은 길을 가고 있어요

아빌라의 테레사

자매여,

두려움을 더 이상 염려하지 마세요.
사람들이 어떻게 생각하는지 마음 쓰지 마세요.
지금은 모두를 믿어야 할 때가 아닙니다.
그리스도를 닮아가려는 삶을 살아가고 있다고
생각되는 사람들만 믿으십시오.
선한 양심을 갖도록 항상 노력하십시오.
겸손을 훈련하십시오.
그러면 좋은 길을 가고 있다고 확신할 수 있습니다.

055

좋은 길을 가고 있어요

간절한 소원

에이미 카마이클

모든 영들의 아버지, 당신께 올리고 또 올립니다.
저의 간절한 소원입니다.

날마다 흘러들고 흘러나가는 것을 알도록
사랑으로 저를 채워주소서.

사랑을 위해 십자가 지신 주님은
사랑의 밧줄로 나를 묶어 당신 곁에 두셨습니다.

오, 우리 주님을 골고다로 이끈 사랑이여,
당신에게 무릎 꿇는 저를 관통하여 흘러주소서.

057

간절한 소원

저의 탄원을 들어주소서

● 십자가의 요한

오, 주님, 저의 탄원을 들어주소서.
아침마다 죽음이 다가옵니다.
더 이상 삶의 어둠을 견딜 수 없습니다.
죽지 못해서 이렇게 죽습니다.

무슨 목적이 있어서 제가 아직도 숨을 쉬는 건가요?
저의 유일한 희망은 죽음의 고통을 늦추는 것입니다.
그러나 제 삶 또한 죽음만큼 괴롭습니다.
죽지 못해서 이렇게 죽습니다.

죽음의 어두운 굴, 이곳에서 저를 끌어내 주소서.
당신의 빛 아래서 자유롭고 싶습니다.
지금 제 영혼은 밤처럼 캄캄하기만 합니다.
죽지 못해서 이렇게 죽습니다.

이 어두운 땅에서 거두어지기를 소원합니다.
이 어두운 몸에서 풀려나기를 소원합니다.
그때 저는 황홀한 기쁨으로 울 것입니다.
당신 안에 살아야 제가 삽니다.

059 저의 탄원을 들어주소서

당신 음성이 들리지 않을 때

헨리 주조

사랑의 주님!
제 영혼이 당신께 한숨짓습니다.
당신 음성이 들리지 않을 때
저는 슬픔으로 무너집니다.
당신이 곁에 가까이 계시지 않으면
저는 쉴 수 없습니다.
잠도 잘 수 없습니다.
제 머리를 당신 가슴에 묻고
당신 곁에 누울 수 있게 허락해 주소서.

061

당신 음성이 들리지 않을 때

우리에게 강한 폭풍이 되시어

호일랜드의 길버트

하늘에 먹구름이 일 때
우리는 폭풍우를 염려합니다.
우리가 저지른 죄악의 어둠을 볼 때
우리는 진노하시는 당신의 폭풍을 염려합니다.
그러나 비가 대지에 생명을 주듯
당신은 죄에 빠진 우리 영혼 위에
자비의 비를 내리십니다.
우리를 용서하시고 평안을 주십니다.
언제나 우리에게 강한 폭풍이 되시어
당신의 큰 자비와 은총을 쏟아부어 주소서.

063

우리에게 강한 폭풍이 되시어

주님, 제게 돌아와 주십시오

●
요한 스타르크

하나님, 당신은 왜 저를 이토록
큰 슬픔과 분노 속으로 밀어 넣으셨나요?
왜 제 눈물로 눈을 젖게 하시고
제 심장을 멈추게 해 아픔을 주시나요?
저도 한때는 행복했었지요. 평화롭게 쉰 적도 있었지요.
저는 언제나 위안과 위로를 얻고자 당신을 붙잡았습니다.
겁이 나면 당신의 품으로 달려갔지요.
그런데 지금은?
당신은 저를 내던지고 뿌리치십니다.
기도를 드렸지만
제 기도는 듣지 않으시는 것 같습니다.
고통 속에서 울부짖었지만 저의 울음은 허공에 묻혔습니다.
주님, 제게 돌아와 주십시오.
당신의 사랑을 알 수만 있다면 어떤 고난도 견디겠습니다.
지금 저를 거절하시는 것은
제 믿음을 알아보려는 시험에 지나지 않습니다.
그 시험이 이제 곧 끝난다는 것을 알려 주십시오.
예, 저는 믿습니다. 제가 이 시험을 통과하리라는 것을.
하지만 주님, 지금 끝내주십시오.
지금 저를 일으켜주시옵소서.

주님, 제게 돌아와 주십시오

하나님 감사합니다

1. 뜨거운 열기와 비바람, 추위를 피할 수 있는 집을 주시니 감사합니다.

2. 하나님 외에 다른 무엇으로도 위로받을 수 없음을 알게 하시니 감사합니다.

3.

4.

5.

6.

7.

8.

9.

10.

11.

12.

13.

14.

15.

16.

17.

18.

19.

20.

무릇 시온에서 슬퍼하는 자에게 화관을 주어
그 재를 대신하며
기쁨의 기름으로 그 슬픔을 대신하며
찬송의 옷으로 그 근심을 대신하시고
그들로 의의 나무 곧 여호와께서 심으신
그 영광을 나타낼 자라 일컬음을 받게 하려 하심이라

《이사야》 61장 3절

Part 2

지난날
제 영혼은
슬펐습니다
그러나 지금은
기쁨이 넘칩니다

새 아침

●
존 던

사랑에 눈뜨는 우리 영혼에 새 아침이 밝았습니다.
이제 우리는 두려움으로 서로를 바라보지 않습니다.
사랑은 다른 곳에 눈을 돌리지 않습니다.
사랑은 아주 작은 방도 우주로 만들어 냅니다.
바다를 탐험하는 이들은
신세계로 당당히 나아가라고 합니다.
어떤 이들은 지도로 지금껏 알지 못했던 세상으로 가보라고 합니다.
우리는 하나의 세계,
한 사람 한 사람이 하나 되어
함께합니다.

071

새 아침

노래하는 기쁨에 취해

라빈드라나트 타고르

당신이 제게로 와 노래하실 때
제 가슴은 우쭐거리며 터질 것만 같습니다.
당신 얼굴을 보니 눈에서 눈물이 흐릅니다.
제 인생의 온갖 불화와 거슬림이 달콤한 조화 속으로 녹아들고
바다를 건너는 새처럼 기쁨에 넘쳐 날개 치며 날아갑니다.
당신은 제 노래로 즐거워합니다.
당신 앞에 오직 노래하는 자로 나아갑니다.
**제 노래의 멀리 퍼지는 날개 끝으로
감히 가서 닿을 것이란 생각을 하지 못했던
당신 발을 건드립니다.**
노래하는 기쁨에 취해 자신을 잊고
주인이신 당신을 친구라고 부릅니다.

073

노래하는 기쁨에 취해

인디언 수우족의 기도

작자 미상

바람 속에 당신의 목소리, 당신의 숨결이
세상 만물에게 생명을 줍니다.
저는 작고 약하니 당신의 힘과 지혜를 주소서.
내가 아름다움 안에서 걸으며
짙게 붉어진 저녁노을을 바라보게 하소서.
당신의 창조물을 내 손이 존중하고
내 귀가 당신의 목소리를 놓치지 않게 하소서.
당신이 잎사귀와 바위틈에 숨겨놓은 교훈을
나 또한 알게 하시고
당신이 잎사귀와 바위틈에 숨겨놓은 교훈을
나에게도 가르쳐주소서.
내 속에 숨겨진 아름다움을 발견하도록
지혜와 용기를 주소서.
거짓 없는 손과 밝은 눈으로
언제라도 당신에게 갈 수 있도록,
그리하여 해가 저물듯
내 생명이 사라질 때 내 영혼이 부끄럼 없이
당신에게 갈 수 있게 하소서.

인디언 수우족의 기도

순수의 노래

윌리엄 블레이크

작은 양아, 너를 누가 만들었니?
너를 누가 만들었는지 아니?

너에게 생명을 주고
냇가에서 들에서 너를 먹이시고
반짝이며 보드라운 옷을 입히고
모든 골짜기를 기쁘게 하는
그리도 연하고 고운 목소리를 너에게
주신 분이 누구인지 아니?
작은 양아, 너를 누가 만들었니?
너를 누가 만들었는지 아니?

작은 양아, 알려 줄게.
작은 양아, 알려 줄게.

그분은 이름이 너와 같단다.
그분은 자신을 양이라고 부르신단다.

한 알의 모래 속에서 세계를 보며 한 송이 들꽃에서 천국을 보라.
손바닥 안에 무한을 쥐고 순간 속에서 영원을 보라. 윌리엄 블레이크 〈순수를 꿈꾸며〉 중에서

순수의 노래

하나님은 충실한 농부

●

우치무라 간조의 《일일일생》 중에서

하나님은 충실한 농부
그분은 식물의 아주 작은 것까지 살피신다.
씨앗을 지키고 따뜻하게 하며
윤택하게 하고 싹이 트는 모습을 지켜보며
기꺼이 축복하신다.

하나님은 시원한 나무 그늘에 계시며
싹이 뜨는 밭이랑을 걸으신다.
농부의 마음으로
싹트는 것을 축복하신다.

하나님은
밭이랑 사이로 내려오셔서
농부와 나란히 밭을 일구신다.

하나님이 이미 내려 주신 은혜에 감사하라. 그러면 하나님이 더욱더 새로운 은혜를 주신다.
이전에 받은 은혜에 감사하지 않고 새로운 은혜를 선물로 받을 수는 없다.   우치무라 간조

하나님은 충실한 농부

모든 것을 기쁨으로

● 마더 테레사

기쁨은 기도입니다.
기쁨은 용기입니다.
기쁨은 사랑입니다.
기쁨으로 주는 이에게 기쁨은 더 큰 힘을 발휘합니다.

어린이들과 가난한 이들,
괴로운 이들과 외로운 이들에게 언제나 미소를 지으십시오.
그들에게 사랑의 어떤 행위뿐 아니라 마음도 함께 주십시오.
우리에겐 줄 것이 그다지 많지 않을지 모릅니다.
그러나 사랑이 가득 찬 마음에서 샘솟는 기쁨만은
우리가 원하기만 하면 언제라도 줄 수 있습니다.

설령 일을 하다 어려움을 겪더라도
이를 기쁨으로, 큰 미소로 받아들이십시오.
그러면 좋은 결과를 얻을 것입니다.
감사를 표현하는 가장 좋은 방법은
모든 것을 기쁨으로 받아들이는 것입니다.

사람이 얼마나 행복한가는 감사함의 깊이에 달려 있다.   조너선 밀러

081

모든 것을 기쁨으로

내가 만일

에밀리 디킨슨

내가 만일 한 사람의 애 타는 가슴을 달래줄 수 있다면,
내 삶은 결코 헛되지 않으리.
내가 만일 한 생명의 고통을 덜어줄 수 있다면,
혹은 상처를 가라앉혀 줄 수 있다면,
혹은 힘겨워하는 새 한 마리를 도와
둥지로 돌아가게 할 수 있다면,
내 삶은 결코 헛되지 않으리.

083

내
가
만
일

암벽 사이에 핀 꽃

●

앨프리드 테니슨

틈이 벌어진 암벽 틈에 꽃 한 송이가 피었다.
꽃을 암벽 틈에서 뽑아내었다.
내 손에 꽃 한 송이가 뿌리까지 들려 있다.
아주 작은 꽃이지만
내가 그 꽃의 본질을
뿌리까지 낱낱이 이해한다면
하나님과 인간이 무엇인지 알 수 있겠지.

085

암벽 사이에 핀 꽃

부유함을 하찮게 여기네

●

에밀리 브론테

부유함이 나는 하찮네.
사랑도 가볍게 웃어넘기지.
명성도 아침이 오면
사라지는 한때의 꿈에 지나지 않지.

내가 기도한다면,
내 입술 움직여 드리는
단 한 가지 기도는
"제 마음 지금 그대로 두시고
저에게 자유를 주소서."

화살 같은 삶을 마치게 될 때
내가 바라는 것은 오직 하나.
삶에도 죽음에도 인내할 용기 있는
자유로운 영혼이 되는 것.

부유함을 하찮게 여기네

무엇이 깊을까요?

크리스티나 로제티

무엇이 무거울까요?
바닷모래와 슬픔이 무겁지요.
무엇이 짧을까요?
오늘과 내일이 짧지요.
무엇이 약할까요?
봄꽃과 청춘이 약하지요.
무엇이 깊을까요?
바다와 진리가 깊지요.

089

무엇이 깊을까요?

기도

헤르만 헤세

주님!
저를 절망시켜 주소서, 제 자신에게
그러나 당신께 절망하지는 않게 하소서.
혼미의 온 슬픔을 맛보게 하시고
온 고뇌의 불꽃을 핥게 하소서.
온갖 치욕을 맛보게 하시고,
제가 자신을 가누는 것을 돕지 마시고,
제가 뻗어 가는 것을 돕지 마소서.
그러나 저의 온 자아가 파괴되었을 때
저에게 가르쳐주소서.
당신이 파괴하셨다는 것을.
불꽃과 고뇌를 당신이 낳으셨음을.
저는 기꺼이 멸망하고
기꺼이 죽어 가겠지만,
당신의 품에서만 죽을 수 있기 때문입니다.

기도

무엇이 되든 최고가 되어라

더글러스 맬록

언덕 위에 소나무가 되지 못하거든
골짜기의 키 작은 나무가 되어라.
그러나 시냇가의 제일 좋은 나무가 되어라.
나무가 될 수 없거든 덤불이 되어라.

덤불이 될 수 없거든 한 포기 풀이 되어라.
그래서 어느 고속도로를 더욱 즐겁게 만들어라.
모두 선장이 될 수는 없는 법, 선원도 있어야 한다.
누구에게나 이곳에서 할 일이 있다.

고속도로가 될 수 없거든 오솔길이 되어라.
태양이 될 수 없거든 별이 되어라.
성패는 크기에 있지 않다.
무엇이든 최고가 되어라.

무엇이 되든 최고가 되어라

기쁨을 가득 채우시는 분

●

베르나르 디 클레르보

예수님, 당신을 생각만 해도 달콤합니다.
당신은 제 가슴에 기쁨을 가득 채우십니다.
당신의 사랑은 꿀보다 더 답니다.
당신보다 더 달콤한 것을 묘사할 수 없고
어떤 말도 당신의 사랑의 기쁨을 표현할 수 없습니다.
당신의 사랑을 몸소 맛본 사람만이 그것을 알겠지요.
당신은 사랑 안에서 저의 기도를
모두 귀담아들으십니다.
비록 제가 바라는 것이 어린아이처럼 유치하고
언어가 서툴고
생각하는 게 어리석어도 말입니다.
언제나 쓰디쓴 비참함을 안겨주는
저의 그릇된 욕망이 아닌
저에게 달콤한 기쁨을 가져다주는
저의 진짜 필요에 따라
응답해 주십시오.
고맙습니다, 주님.
당신을 저에게 주셔서 고맙습니다.

이 세상의 기쁨은 완전하지 않다.
기쁨에는 고통의 맛이 섞여야 하고 벌꿀에는 땀방울이 섞여야 한다.   조지 롤렝하겐

기쁨을 가득 채우시는 분

창조적인 일을 위한 기도

소피 번햄

오, 영광스럽고 은혜로우신 하나님!
나 자신을 내어놓고
이 일을 당신께 맡기옵니다.
당신의 뜻대로 하소서.
나의 생각을 인도하소서.

내 손을 잡고 나를 통해
글을 쓰시고 그림을 그리시고 조각을 하시어
당신이 말씀하고자 하는 것을 나타내소서.

오, 나의 사랑이며 기쁨이신 분
당신이 내게 주신 일을 해낼 수 있는 재능과 영감,
가르침을 주시니 감사합니다.
지극한 사랑으로 나를 안아주시니
당신께 나를 맡기옵니다.
아멘, 그렇게 되기를 원합니다.

창조적인 일을 위한 기도

흉패

패트릭

오늘 나는 내 가슴에
나를 붙드시고 이끄시는
하나님의 능력을 붙입니다.
나를 지켜보시는 그의 눈을
나의 소원을 들으시는
내게 머무는 그의 힘을
그의 귀를 붙입니다.
나를 가르치시는 하나님의 지혜와
나를 보호하시는 그의 방패를 붙이고
나를 인도하시는 그의 손과
나에게 말할 것을 주시는
하나님의 말씀과
나를 지키시는 하나님의 군대를 붙입니다.

흉패

당신의 사랑은 신비롭습니다

●
마그데부르크의 메히트힐트

당신의 사랑은 신비롭습니다.
세상 재물을 모두 내게서 앗아가셔서
다른 이들의 친절로
저를 입히고 먹이시니 감사합니다.

제 시력을 잃게 하셔서
다른 이들의 눈으로
저를 돌봐주시니 감사합니다.

제 손과 가슴의 힘을 거두셔서
다른 이들의 손과 가슴으로
저를 돌봐주시니 감사합니다.

당신의 사랑으로
저들에게 상 주시고
저들이 당신의 영원 안에서
행복하게 죽음을 맞이할 때까지
성실히 섬기고 돌보는 일을 계속하도록
기도합니다.

기쁨은 인생의 요소이며, 인생의 욕구이며, 인생의 힘이며, 인생의 가치이다.
인간은 누구나 기쁨에 대한 욕구를 갖고 기쁨을 요구하는 권리를 갖고 있다.   케플러

당신의 사랑은 신비롭습니다

내게 주신 삶 속에서

테드 로더

힘겨운 일상이 이어지는 하루 속에서
시중드는 겁쟁이 성자보다는
용감한 조력자가 될 힘을 주소서.

권력에 복종하거나
권력을 얻고자 꾀를 쓰기보다는
정직의 힘을 단련할 수 있는 힘을 주소서.

이익으로 누군가를 꾀어내기보다는
정의를 이 땅에 퍼트릴 힘을 주소서.

은총을 내리시어
당신이 경작하라고 내게 주신 삶 속에서
숨겨진 평화와 우애, 기쁨의 보물을
발견하게 하소서.

내게 주신 삶 속에서

우리 영혼은 너무나 귀하다

• **노리치의 줄리안**

우리가 영적으로 태어날 때
주님은 그 무엇과도 비교할 수 없을 정도로
우리를 부드럽게 보호하신다.
그분이 보시기에 우리 영혼은 너무나 귀하다.
그분은 우리 눈을 밝히시고
우리 길을 예비하시며
우리 양심을 편안하게 하시고
우리 영혼을 위로하시며
우리 마음을 조명하신다.

우리가 넘어질 때
사랑으로 안으시며
은혜로운 손길로
우리를 재빨리 일으키신다.
우리가 그분의 감미로운 역사하심으로
힘을 얻을 때
우리는 그분의 은혜로 기꺼이 그분을 선택하여
영원히 그분의 종이자, 그분의 사랑을 받는 자가 될 것이다.

우리 영혼은 너무나 귀하다

문이 활짝

•

존 버니언의 《천로역정》 중에서

크리스천
저는 무거운 짐을 진 불쌍한 죄인입니다.
저는 멸망이라는 도시에서 왔습니다.
다가올 진노에서 벗어나기 위해 시온 산으로 가는 중입니다.
그런데 그곳을 가려면 이 문을 통과해야 한다지요?
저를 들여보내 주시겠습니까?

선의
진심으로 환영합니다.

그리고 문이 활짝 열렸다!

107
문이 활짝

사슬이 끊어지고

●

찰스 웨슬리

사슬이 끊어지고
나는 자유를 얻었네.
나는 일어나
모든 것을 버리고
그분을 따랐네.

우리에게 생명을 주신 하나님께서는 자유도 함께 주셨다. 토머스 제퍼슨

사슬이 끊어지고

당신이 있기에

● 카르투지오의 귀고

주님, 당신은 포도 한 알에서 많은 즙을 짜내십니다.
당신은 옹달샘에서 많은 물을 길어 올리십니다.
작은 불씨로 큰불을 일으키시고
작은 씨앗 하나가 큰 나무로 자라게 하십니다.
제 영혼은 너무나 메말라 혼자서는 기도할 수 없습니다.
그러나 당신은 저에게 수천 마디의 기도를 하게 하십니다.
제 영혼은 너무나 강퍅해 혼자서는 사랑할 수 없습니다.
그러나 당신은 당신과 저의 이웃을 위해
부족함이 없는 큰 사랑을 길어 올리십니다.
제 영혼은 너무나 차가워 혼자서는 기쁨이 전혀 없습니다.
그러나 당신은 제 안에 기쁨의 불이 일어나게 하십니다.
제 영혼은 너무나 연약해 혼자서는 믿음을 지켜갈 수 없습니다.
그러나 당신의 힘으로 제 믿음이 높이 자랍니다.
기도와 사랑과 기쁨과 믿음을 인하여 당신께 감사드립니다.
늘 기도하고 사랑하고 기뻐하고 신실하게 살도록 저를 인도하소서.

당신이 있기에

당신은 누구십니까?

●
성 빅토르의 아담

당신은 누구십니까?
황홀한 향기로 나를 취하게 하는 분은.
당신은 누구십니까?
저의 못난 더러움을 온전하게 아름답게 변화시키는 분은.
당신은 누구십니까?
달콤한 포도주와 맛있는 떡을 먹여 주시는 분은.

거룩하신 성령님, 바로 당신입니다.
당신은 저를 예수 그리스도의 신부가 되게 하셨습니다.
지난날 제 마음은 몹시 지쳐 있었습니다.
그러나 지금은 사랑에 골몰하고 있습니다.
지난날 제 영혼은 슬펐습니다.
그러나 지금은 기쁨이 넘칩니다.
저를 위해 예수께서 생명을 주셨습니다.
성령님, 이제는 당신께서 저를 그분에게 주십시오.

당신은 누구십니까?

오시옵소서, 나의 생명이시여

조지 허버트

오시옵소서.
나의 길, 나의 진리, 나의 생명이시여
우리에게 호흡을 주는 길로
모든 다툼을 끝내는 진리로
죽음을 죽이는 생명으로 오시옵소서.

오시옵소서.
나의 빛, 나의 잔치, 나의 힘이시여
잔치를 보여 주는 빛으로
시간이 지날수록 흥이 더하는 잔치로
손님들을 즐겁게 해 주는 힘으로 오시옵소서.

오시옵소서.
나의 기쁨, 나의 사랑, 나의 가슴이시여
아무도 빼앗지 못할 기쁨으로
아무도 나누지 못할 사랑으로
사랑 안에서 기뻐하는 그런 가슴으로 오시옵소서.

오시옵소서, 나의 생명이시여

하나님 감사합니다

1. 내가 말하지 않아도 필요를 아시고 채워 주시는 하나님, 감사합니다.

2. 우리를 해치는 걱정과 망상을 떨칠 수 있게 하시니 감사합니다.

3.

4.

5.

6.

7.

8.

9.

10.

11.

12.

13.

14.

15.

16.

17.

18.

19.

20.

그러므로 형제들아
내가 하나님의 모든 자비하심으로 너희를 권하노니
너희 몸을 하나님이 기뻐하시는 거룩한 산 제물로 드리라
이는 너희가 드릴 영적 예배니라

〈로마서〉 12장 1절

Part 3

우리가

마음을 열면

당신의 사랑이

조용히

우리 영혼을

적십니다

침묵의 기도

토머스 머튼

마음이 상했지만 답변을 하지 않을 때
내 명예에 대한 방어를 온전히 하나님께 맡겨 드릴 때
침묵은 양선함입니다.

형제들의 잘못을 드러내지 않을 때
지난 과거를 들추지 않고 용서할 때
판단하지 않고 따뜻한 마음으로 변호해 줄 때
침묵은 자비입니다.

그분이 행하도록 침묵할 때
주님의 현존 안에 있기 위해 세상 소리와 소음을 피할 때
그분이 아시는 것만으로 충분하기에
사람의 위로를 찾지 않을 때
침묵은 믿음입니다.

왜? 라고 묻지 않고 십자가를 포용할 때
침묵은 경배입니다.

의식은 성스러움을 불러온다. 의식은 결코 꺼져서는 안 되는 불꽃이다.   크리스티나 볼드윈

침묵의 기도

아름다운 우주에서

우치무라 간조의 《일일일생》 중에서

내 기도의 대부분은 기원이 아닙니다.
나는 먼저 충만한 감사로 기도를 시작합니다.
아름다운 우주에서 삶을 누리게 해 주신
하나님께 감사드립니다.
내게 좋은 친구를 주시고
헌신할 만한 일을 주시고
옳고 그름과 선악을 분별하여
정의의 하나님을 찾으려는 마음을 주신
하나님께 감사드립니다.
특히 내가 하나님을 떠나
사리사욕을 추구할 때
내 영혼을 구원의 길에 이르게 해 주신
무한한 하나님의 은혜에 깊이 감사합니다.
감사하는 마음이 내 안에 흘러넘치면
길가에 핀 제비꽃만 보아도 감사가 나옵니다.
내 얼굴에 스치는 바람에도 감사가 나옵니다.
때로 아침 일찍 일어나 동쪽 하늘, 일출의 황금색을 볼 때
감사의 찬양이 절로 흘러나옵니다.

아름다운 우주에서

노동이 곧 기도

●

로렌스 형제의 《하나님의 현존을 실천하기》 중에서

나에게 일하는 시간은
기도하는 시간과 다르지 않습니다.
내가 일하는 주방의 소음과 번잡함 속에서도
여러 사람이 동시에 이것저것을 요구해도
나는 축복받은 성찬식에서 무릎 꿇은 것처럼
아주 평온하게 하나님을 소유합니다.

주여, 나를 당신 마음대로 하소서.
나는 오로지 당신만을 원하고 당신에게 전적으로 헌신하고 싶습니다. 로렌스 형제

노동이 곧 기도

고요한 이 시간에

존 베일리

당신의 완벽한 지혜와 선하심
그 지혜와 선하심으로 인류를 사랑하시는 당신의 사랑
그것은 저를 사랑하시는 당신의 사랑
제 인생에 주어진 크고 신비한 기회
제 안에 거하시는 당신의 성령
그 성령의 일곱 가지 선물로
오, 주님! 당신을 찬양하고 예배합니다.

이 기도를 마치는 것으로 예배를 마쳤다고 생각해
온종일 당신을 잊지 않게 하소서.
**오히려 고요한 이 시간에서 빛이 나와
저의 하루를 밝혀주시고
기쁨과 능력이 저를 떠나지 않게 하소서.**

모든 것이 내게 달려 있는 것처럼 행동하라.
그러나 모든 것이 신에게 달려 있음을 믿으라. 성 이그나티우스

고요한 이 시간에

당신의 아름다움으로 제 추함을 덮어주소서

●
제노바의 카테리나

주님, 저를 당신께 선물로 드립니다.
제 몸으로 무엇을 해야 할지 모르겠습니다.
그러니 이렇게 하면 어떨까요?
저를 당신 손에 온전히 맡길게요.
그러니 당신의 아름다움으로 제 추함을 덮어주시고
제멋대로 날뛰는 제 성질을
당신의 사랑으로 길들여 주세요.
제 안에 있는 진실한 것들을 파멸시키는
거짓 열정의 불길을 잠재워 주시고
언제나 주님을 섬기는 일로 바쁘게 해 주세요.

주님, 특별한 징조를 제게 주시지 않아도 괜찮아요.
뜨거운 감정으로 당신 사랑에 응답하고 싶은 마음이 제게 없어요.
이전의 거짓 열정에 휩쓸려 추락하는 위험보다는
차라리 아무 감정도 일어나지 않는 쪽을 택하고 싶어요.
당신을 향한 제 사랑이
어떤 감정의 옷도 걸치지 않은
벌거숭이가 되게 해 주세요.

당신의 아름다움으로 제 추함을 덮어주소서

제 눈물로 당신의 발을 닦게 하소서

•
밀라노의 암브로시우스

예수님, 주님의 발을 제가 닦아드릴 수 있게 허락해 주세요.
주님께서 제 안을 걸으셔서 당신 발이 더러워졌습니다.
주님 발에 묻은 얼룩을 제가 닦아낼 수 있게 허락해 주세요.
저의 옳지 못한 행동이 당신 발을 더럽혔으니까요.
그런데 당신의 발을 닦아드릴 깨끗한 물이 어디에 있나요?
아, 그 물이 없다면 제 눈물이 있지요.

제 눈물로 당신의 발을 닦아드리고 싶어요.
그리고 그 눈물로 저도 닦게 해 주세요.

당신이 하나님을 사랑하고 있는 가장 분명한 증거는 순종 그 이상도 이하도 아니다. 찰스 스윈돌

제 눈물로 당신의 발을 닦게 하소서

당신은 꺼지지 않는 빛

카를 바르트

당신은 꺼지지 않는 빛이십니다.
당신은 지금 우리에게 있는 모든 어둠을 물리치는 빛을 주십니다.
당신은 차갑게 식을 수 없는 사랑이십니다.
우리 가슴에 온기를 주시고 만날 때마다 서로 사랑하게 해 주십니다.
당신은 죽음을 이기는 생명, 우리에게 영생으로 가는 길을 열어주십니다.
위대한 그리스도인은 우리 가운데 아무도 없습니다.
모두가 평범한 사람들이지요.
그러나 당신의 은혜는 우리 모두에게 조금도 모자라지 않습니다.
우리 안에 작은 기쁨과 감사를 불러일으켜
우리가 조정할 수 있는 수줍은 믿음으로
우리가 거절할 수 없는 조심스러운 복종으로
마침내 당신 아들의 죽음과 부활을 통해
우리에게 주고자 하신 온전한 삶으로까지
조금씩 나아가게 해 주십시오.
어느 누구도 부활절의 놀라운 영광을
무시하거나 냉정하지 않게 하시고
**부활하신 우리 주님의 빛을
어두운 우리 가슴 구석구석에 비춰주십시오.**

기도는 인간이란 존재를 있는 그대로 표현하는 행위다.
인간은 불완전성 그 자체다. 반드시 무언가로 채워져야 할 간격이나 공간과 같다.   토머스 머튼

133

당신은 꺼지지 않는 빛

세세토록 당신께 영광이

2세기경 《디다케》 중에서

아버지, 당신 아들 예수를 통해
우리에게 알려 주신
당신 종 다윗의 거룩한 포도나무로 인하여
감사드립니다.

세세토록 당신께 영광이.

아버지, 당신 아들 예수를 통해
우리에게 주신
생명과 지식으로 인하여
감사드립니다.

세세토록 당신께 영광이.

땅끝에서 모여온 이 사람들이
거룩한 교회를 이루어
당신 나라로 하나 되게 하소서.

그분 사랑 안에서 기쁘게 하소서

●
500년경 〈겔라시우스 성례문〉 중에서

우리 마음을 흔들어
당신의 아들을 받아 모실 준비를 갖추게 하소서.
그분이 오셔서 문을 두드리실 때
죄에 묻혀 잠자고 있는 모습을 보여드리지 않게 하시고
의義에 깨어 있다가
그분 사랑 안에서 기쁘게 하소서.
우리 마음과 생각을 정결하게 하여
영생에 대한 그분의 약속을 받아들일
준비를 하게 하소서.

그리스도께서 어떤 사람을 부르실 때, 그것은 와서 죽으라고 하시는 것이다. 디트리히 본회퍼

그분 사랑 안에서 기쁘게 하소서

우리 의지를 번제물로 태워주소서

살레지오 프랑시스코

주님, 우리 자신과 우리에게 있는 모든 것을
당신께 제물로 바치는 일을 얼마나 미루어야 할까요?
우리가 집요하게 붙잡고 있는 자유의지를
얼마나 더 움켜쥐고 있어야 하나요?

**당신을 찌른 가시와 창에 찔리도록
우리 의지를 당신의 십자가 위에 내 거는 일에
얼마나 더 망설여야 하나요?**

우리 의지를 당신의 온전하고 사랑하시는 뜻의 불로 삼켜주소서.
우리 의지를 영원토록 당신에게 드리는 번제물로 태워주소서.

우리 의지를 번제물로 태워주소서

날마다 죽음을 눈앞에 두고

성 베네딕트

날마다 죽음을 눈앞에 두고
내 행동을 순간순간 지켜보겠습니다.
하나님께서 어디서나 나를 보고 계심을 기억하겠습니다.
**사악한 말로부터 나의 혀를 보호하며
말을 많이 하지 않겠습니다.
잡담을 하지 않겠습니다.
똑똑한 척하지 않으며
읽을 만한 글만 읽겠습니다.**
자주 기도하며 날마다 지은 죄의 용서를 구하며
내 삶을 발전시켜 나갈 방법을 찾겠습니다.
신성하게 높임을 받는 것을 바라지 않고
그저 신성만을 찾겠습니다.
선한 일로써 하나님의 계명을 따르며
금욕을 소중히 여기겠습니다.
누구도 미워하지 않으며 질투도 시기도 하지 않겠습니다.
경쟁에 뛰어들지 않으며 자랑거리에 집착하지 않겠습니다.
노인을 공경하고 원수를 위해 기도하겠습니다.
누군가와 다투었다면 해가 지기 전에 화해하겠습니다.
당신의 사랑을 비관하지 않겠습니다.
아멘.

141

날마다 죽음을 눈앞에 두고

따뜻한 집을 지어주고

●
월터 라우션부시

따뜻한 집을 지어주고
옷감을 짜주고
바다와 땅에서 먹을 것을 거두어
우리와 우리 자녀들이 살아가는데
땀 흘린 모든 이들을
축복하소서.

마치 사랑하는 사람을 위하듯
그들이 건강과 기쁨
희망과 사랑을 소유하기를
기도합니다.

살아가면서 만나는 모든 사람들을
정성껏 대접할 수 있는 지혜를 주소서.

이기적인 무관심이나
의도적인 냉랭함으로
그들에게 상처를 주지 않게 하소서.

기도는 마음의 근시를 바로잡아 준다. 잊어버리기 쉬운 하나님 관점을 상기시켜 준다.   필립 얀시

따뜻한 집을 지어주고

온전케 하소서

●
폴리캅

하나님 아버지,
영원하신 대제사장,
우리 주 예수 그리스도시여,
우리를 믿음과 진리와 사랑 가운데 세워주시고
주 예수 그리스도를 믿는 모든 이들과 함께
성도가 누릴 복을 누리게 하소서.
모든 성도와 군왕과 통치자들과
우리를 핍박하는 이들,
그리고 십자가를 대적하는 이들을 위해 기도합니다.
생명의 열매가 풍성하고
그리스도 예수 안에서 온전하게 되기를 원하며
우리 자신을 위해 기도하나이다.
아멘.

145

온전케 하소서

선하신 주님, 은혜를 주소서

●

토머스 모어

선하신 주님,
겸손과 고요와 평안과 인내와
자비롭고 친절하며 온유하고
불쌍히 여기는 마음을 주소서.
저의 모든 행실과
모든 말과 생각 속에
당신의 거룩하고 복된 성령이
충만하게 하소서.

147

선하신 주님, 은혜를 주소서

주의 인도하심을 바라며

미켈란젤로

내가 성령께 의지하여 기도할 수 있다면
나의 기도는 참으로 향기로울 것입니다.
당신의 도움을 받지 못한다면
나의 마음은 메마른 흙이 되어
아무것도 스스로 채울 수 없습니다.
당신은 선하고 경건한 일의 씨앗입니다.
이 씨앗은 당신이 허락하실 때에 싹을 틔웁니다.
주께서 당신의 유일하신 진리의 길을
우리에게 보여 주시지 않는다면
누구도 그 길을 찾을 수 없습니다.
주께서 길을 인도해 주소서.

주의 인도하심을 바라며

하루를 시작하면서

토머스 아 켐피스

하루가 계속되리라는 것을
누가 말할 수 있을까요?
그런즉, 은혜로우신 하나님,
살아가는 하루하루를
마치 나의 마지막 날처럼 살게 하소서.

내가 죽음에 이르렀을 때
그전에 행했더라면 좋았을 것이라고
후회하지 않도록
순간순간 아름답게 살아가게 하소서.

하루를 시작하면서

기도

●
시에나의 카타리나

오, 영원하신 삼위일체 하나님,
당신은 깊은 바다이십니다.
내가 들어가면 갈수록
더욱더 발견되고,
발견하면 할수록 더욱더 기도하게 되는
바다와 같습니다.
당신의 그 깊음 속에서도
내 영혼이 만족할 수 없음은
그 깊음이 자꾸 당신을
갈망하게 하기 때문입니다.
영원하신 삼위일체 하나님이시여,
당신의 빛의 빛으로
당신을 뵙기 원합니다.

153

기
도

햇빛보다 밝으신 분

조지 매드슨

살아가면서 당하는 모든 일들을
당신이 주시는 선하고 온전한 선물이라고 생각하겠습니다.
인생을 살다가 슬픔을 만나면
당신이 주시는 포장된 선물이라고 생각하겠습니다.
아침이나 대낮이나 밤, 하루 종일
봄, 여름, 가을, 겨울 어느 계절에도
제 마음을 활짝 열어두겠습니다.

**당신이 햇빛으로 오시든 빗줄기로 오시든
당신을 기쁨으로 제 가슴에 맞이하겠습니다.**

**당신은 햇빛보다 밝으신 분.
비를 뿌리시는 분.**

두드리소서.
제가 문을 활짝 열겠습니다.

햇빛보다 밝으신 분

살아서나 죽어서나

●
에라스뮈스

지극히 사랑하는 아버지,
당신 집에 머물기를 원합니다.
우리가 온전히 당신 법의 지배를 받기 때문입니다.

**힘들 때나 순탄할 때
살아서나 죽어서나
당신의 선한 뜻을 우리에게 나타내시고
당신의 명령에 몸과 마음으로 복종하게 하소서.**

우리를 온전하게 하소서.
진실로 온전한 사람만이 당신의 영광을 드러낼 수 있기 때문입니다.
당신은 거룩한 성경을 통하여
당신이 온전함으로 가신 길을
우리에게 보여 주셨습니다.

기도를 그치면 싸움에서 패배하는 것. 기도는 그리스도인의 갑옷을 빛나게 하네.
가장 작은 성도가 무릎 꿇는 모습을 볼 때 사탄은 부들부들 떤다네.   새뮤얼 쿠퍼

살아서나 죽어서나

우리는 주님의 것입니다

●
키르케고르

우리는 그때와 그 시간을 알지 못합니다.
아마 아직 멀리 있을 것입니다.
하지만 우리 힘이 사라질 때,
나른함이 안개처럼 우리를 덮어
시야가 칠흑같이 어두워질 때,
우리의 욕망과 조바심과 분노가 치밀어 오를 때,
우리의 마음이 다가오는 것을 기다리다 근심하며 흔들릴 때,
오, 우리 주 하나님!
우리가 이 세상에 있을 때도
주님의 것임을 알게 하시고
우리 마음이 그것을 확신하게 하소서.
아멘.

하나님께서 정하신 우선순위는 첫째가 예배이고 둘째가 섬김이다.　리처드 포스터

159

우리는 주님의 것입니다

당신 안에 머물러

●

헨리 스콧 홀랜드

우리를 당신으로 가득 채울 수 없다면
슬픔으로 채워주소서.
당신 안에 머물러
당신의 몸을 먹고 당신의 피를 마셔야만
당신의 거룩하고 흠 없고 모자라지 않는
봉헌의 은총에 사로잡혀야만
우리는 죽음에서 삶으로 건너가고
마지막 날에 초라한 무덤에서 거룩한 하늘로
올라가기를 희망할 수 있기 때문입니다.

161

당신 안에 머물러

당신의 은혜와 사랑이면 충분합니다

●
이그나티우스 로욜라

주님, 받아주소서.
제게 있는 자유와 기억과 지식과 의지
이 모든 것을 받아주소서.
이것은 모두 당신이 제게 주신 것,
이제 당신께 모두 돌려드립니다.
**다만 당신의 사랑과 은혜를 구합니다.
그것이면 저는 충분합니다.**

참된 예배란 인격적으로 그리고 어찌할 수 없을 만큼 하나님과 깊은 사랑에 빠지는 것이다.   에이든 토저

당신의 은혜와 사랑이면 충분합니다

성경으로 은총을

오리게네스

주님, 우리에게 영감을 주시어
밤낮으로 성경을 읽고 묵상하게 하소서.
성경을 통해 참된 깨달음을 주시고
얻은 교훈을 실천하기 원합니다.
우리는 알고 있습니다.
성경에 대한 깨달음이 있고
그것을 실천하려 애써도
당신의 은혜로운 사랑에 뿌리내리지 않으면
아무 쓸모가 없다는 것을.
그러니 성경의 언어들이
종이 위에 글자가 아닌
우리 가슴 깊은 곳에 당신의 은총을
전해 주는 통로가 되기를 간구합니다.

165

성경으로 은총을

당신만을 생각하며

콜룸바누스

지극한 사랑의 주님
당신을 우리에게 계시하시어
당신을 알게 하소서.

**당신을 앎으로써 당신을 갈망하게 하소서.
당신을 갈망함으로써 당신을 사랑하게 하소서.
당신을 사랑함으로써 당신만을 생각하며 살게 하소서.**

당신만을 생각하며

당신은 영혼을 적시는 분

●
리보의 엘레드

좋으신 예수님,
당신의 가르침은 소리 없이 흐릅니다.
당신의 복음은 우리 귀를 압박하지 않습니다.
당신은 온유한 마음으로 우리 가슴속에 스며듭니다.
당신의 목소리는 긴장되지도, 날카롭지도 않습니다.
당신은 우리에게 당신 말을 들으라고 강요하지도 않지요.
다만, 우리를 향해 마음을 열라고 하실 뿐입니다.
**우리가 마음을 열면 당신의 사랑이
조용히 우리 영혼을 적십니다.**

당신은 영혼을 적시는 분

하나님 감사합니다

1. 이 아침, 우리 앞에 펼쳐진 날을 기대하게 하시니 감사합니다.

2. 세상을 만드신 분이 우리의 친구가 되어 주시니 감사합니다.

3.

4.

5.

6.

7.

8.

9.

10.

11.

12.

13.

14.

15.

16.

17.

18.

19.

20.

평안을 너희에게 끼치노니 곧 나의 평안을 너희에게 주노라
내가 너희에게 주는 것은 세상이 주는 것 같지 아니하니라
너희는 마음에 근심하지도 말고 두려워하지도 말라

〈요한복음〉 14장 27절

Part 4

근심은

백합꽃 사이로

사라지고

평화를 위한 기도

아시시의 프란체스코

주님, 당신의 평화의 도구가 되고 싶습니다.
미움이 있는 곳에 사랑을
상처가 있는 곳에 용서를
의혹이 있는 곳에 믿음을 심고 싶습니다.

절망이 있는 곳에 희망을
어둠이 있는 곳에 광명을
슬픔이 있는 곳에 기쁨을 주고 싶습니다.

오, 거룩하신 나의 주님!
위로받기보다는 위로하고
이해받기보다는 이해하고
사랑받기보다는 사랑하고 싶습니다.

줌으로써 받고,
용서해서 용서받고
스스로 죽어서 영생을 얻기 때문입니다.

지극히 높으신 빛의 하나님, 제 마음의 어둠을 밝혀주소서.
저에게 바른 믿음과 든든한 소망과 온전한 사랑을 주셔서
당신의 거룩하고 진실한 명령을 따르게 하소서.   아시시의 프란체스코

평화를 위한 기도

집을 위한 기도

루이스 언터메이어

어떤 나쁜 일도 이 집 문턱을 넘지 않게 하소서.
불길한 일이 이 집 창문 틈을
절대 엿보지 않게 하소서.
천둥과 소나기도
이 집을 피해 가게 하소서.

믿음의 담력이 있는 서까래가
폭풍이 세차게 때려도 이겨 내기 원합니다.
온 세상이 싸늘해져도
이 집 난로는 가족을 따뜻하게 해 주옵소서.

평화가 모든 방에 사뿐히 걸어 다니고
가족의 입술을 정결한 포도주로 적셔주시고
집 안 구석구석이
성소가 되게 하소서.

웃음소리가 넘쳐 고함 소리가 나지 않게 해 주시고
비록 벽이 얇아도
미움을 들이지 않고 사랑을 붙들어 주는
튼튼한 방패가 되게 하소서.

177

집을 위한 기도

여유

윌리엄 헨리 데이비스

걱정만 하느라
가던 길 멈추어 서서 바라볼 시간이 없다면
이게 어떻게 삶이란 말인가!

나뭇가지 아래 서서 양이나 젖소처럼
쉬엄쉬엄 바라볼 시간이 없다면
**숲을 지날 때, 다람쥐가 풀숲에
도토리 숨기는 걸 볼 시간이 없다면**

**환한 대낮, 밤하늘처럼 별이 가득 찬
시냇물을 바라볼 시간이 없다면**
미인을 향해 고개 돌려,
그녀가 춤추는 걸음을 지켜볼 시간이 없다면

그녀 눈가에서 시작된 미소가
입가로 번질 때까지 기다릴 시간이 없다면
이 얼마나 불쌍한 삶이던가!
걱정만 하느라 멈추어 서서 바라볼 시간이 없다면.

속도를 줄이고 인생을 즐겨라. 너무 빨리 가다 보면 놓치는 것은
주위 경관뿐이 아니다. 어디로 왜 가는지도 모르게 된다.   크리스티나 볼드윈

여유

체로키 인디언의 축원기도

작자 미상

하늘의 따뜻한 바람이
당신의 집 위로 부드럽게 흐르기를.
하나님이 그 집을
찾는 모든 사람들을 축복하시기를.
당신의 신발이
눈 위 이곳저곳에
행복한 흔적을 남기기를.
그대 어깨 위에
언제나 무지개가 뜨기를.

체로키 인디언의 축원기도

당신의 집은 하늘에 있습니다

●

토머스 아 켐피스 《그리스도를 본받아》 중에서

이 세상은 당신 집이 아닙니다.
당신이 세상 어디에 있든 당신은 순례자입니다.
마음 아주 깊은 곳에서
그리스도와 하나가 되지 않는다면
결코 당신은 평화를 얻지 못할 것입니다.
당신은 이 세상 소속이 아닙니다.
**그런데 왜 세상을 두리번거리면서
평화를 찾나요?
당신의 집은 하늘에 있습니다.**
당신은 하늘의 관점에서 모든 것을 바라봐야 합니다.
모든 사물은 지나가고
당신 또한 그 사물을 따라 지나갑니다.
그러니 덧없는 것들에 집착하지 마십시오.
너무 집착하면 그런 것들에 갇혀서 함께 파멸하고 맙니다.
당신 생각을 영원한 하늘나라에 두고
그리스도를 향하여 끊임없이 자비를 구하는 기도를 하십시오.

당신의 집은 하늘에 있습니다

근심은 백합꽃 사이로 사라지고

●

십자가의 요한의 《영혼의 어두운 밤》 중에서

오, 새벽보다 더 사랑스러운 밤
오, 사랑받는 사람과 사랑하는 사람이 하나가 되는 밤
사랑하는 사람은 사랑받는 사람 속에서 변모하네!
꽃밭 같은 내 가슴에,
오로지 나만을 위해 간직한 그곳에
그분은 잠자며 머무네.
나는 그분을 어루만지고
삼나무가 흔들려 미풍을 만들어 내네.

내가 그분의 자물쇠를 열 때
성탑에서 불어오는 미풍.
그분이 부드러운 손으로
상처받은 내 목을 만지시니
나의 모든 감각이 정지되네.
나는 망각 속에 머무네.
내 얼굴을 사랑하는 사람에게 기울이네.
모든 것이 멈추고 나는 나 자신을 내려놓네.
내 근심을 백합꽃들 사이에서 잊어버리게 하네.

예수 그리스도는 모든 사물의 목적이며, 모든 사물을 끌어당기는 중심이다.
그분을 아는 사람은 모든 것의 이유를 알게 된다.　파스칼

근심은 백합꽃 사이로 사라지고

맑고 투명한 수정처럼

마더 테레사

우리 영혼은 어디서나
하나님을 감지하는
맑고 투명한 수정이 되어야 합니다.
늘 투명해야 할 이 수정이
때로는 오물과 먼지로 뒤덮여 있기도 할 테지요.
더러움을 없애고,
깨끗한 마음을 갖기 위해서
우리는 끊임없이 양심을 돌아보아야 합니다.

맑고 투명한 수정처럼

영원한 선물

빅토르 위고

나는 가장 위대한 선물을
기다리고 있습니다.
그것은 위대하며 영원한
선물인, 죽음입니다.
나는 경건한 마음으로
선물을 기다리고 있습니다.

사람은 행복하기로 마음먹는 만큼 행복하다. 에이브러햄 링컨

영원한 선물

유트족 인디언의 기도

● 작자 미상

햇빛 속에 고요히 머무는 풀잎을 통해
대지는 내게 침묵을 가르쳐 주네.
옛 기억으로 고통받는 바위를 통해
대지는 내게 고통을 가르쳐 주네.
겸허하게 활짝 핀 꽃을 통해
대지는 내게 겸허함을 가르쳐 주네.
어린것을 안전하게 돌보는 어머니를 통해
대지는 내게 보살핌을 가르쳐 주네.
홀로 서 있는 나무를 통해
대지는 내게 용기를 가르쳐 주네.
**가을이면 떨어지는 나뭇잎을 통해
대지는 내게 떠남을 가르쳐 주고,
봄이면 싹을 틔우는 씨앗을 통해
대지는 내게 부활을 가르쳐 주네.**
자신의 생명을 잃고 녹아내리는 눈을 통해
대지는 내게 자신을 버리는 법을 가르쳐 주네.
비와 함께 눈물을 흘리는 마른 들판을 통해
대지는 내게 친절을 기억하는 법을 가르쳐 주네.

유트족 인디언의 기도

제 마음에 당신의 나라가 임하소서

●

장 피에르 드 코사드

주님, 제 마음에 당신의 나라가 임하소서.
그리하여 저를 성결하게 하시고
저를 먹이시며
저를 깨끗하게 해 주소서.
믿음이 없는 눈에는
스쳐 지나가는 순간이 아무것도 아닙니다.
그러나 믿음으로 눈이 밝아지면
모든 순간이 참으로 값지고 중요하지요.
당신이 있게 한 순간들
우리가 어찌 그것을 하찮게 볼 수 있나요?
모든 순간, 모든 사건을 당신이 이끄시기에
그 안에는 당신의 무한한 섭리가 담겨 있음을 고백합니다.

제 마음에 당신의 나라가 임하소서

내일 아침 가볍게 일어나

존 베일리

오, 하나님!
지금 저에게 고요한 마음을 주시고
편히 쉬게 하소서.
잠자리에 들 때까지
제 생각 안에 머무르시고
별것 아닌 일로
근심하지 않게 하소서.
나쁜 꿈에 시달리지 않게 하시고
내일 아침 가볍게 일어나
새날을 준비하게 하소서.

내일 아침 가볍게 일어나

안전한 항구로

알렉산드리아의 클레멘트

길들여지지 않은 망아지에 굴레를 씌우고
새들에게 날개를 달아주시고
배들이 자기 항로로 나아가게 하시는 주님.
우리의 거친 마음을 길들여주시고
우리 영혼을 당신께로 들어 올리시며
당신의 사랑이 있는 안전한 항구로 우리를 인도하소서.

안전한 항구로

하늘에 햇빛만 가득하다면

●

헨리 밴 다이크

하늘에 온통 햇빛만 가득하다면
우리 얼굴은
시원한 빗줄기가
쏟아지기 원하겠지요.

세상에 늘 음악 소리만 가득하다면
우리 마음은
끝없이 이어지는 노래 사이사이
달콤한 침묵이 흐르기를 원하겠지요.

삶이 늘 즐겁기만 하다면
우리 영혼은
슬픔의 고요한 품속
허탈한 웃음에서 쉼을 찾으려 하겠지요.

하늘에 햇빛만 가득하다면

당신은 어느 쪽인가요?

엘러 휠러 윌콕스

세상에는 두 종류의 사람이 있습니다.
부자와 가난한 자가 아닙니다.
한 사람의 재산을 평가하려면
그의 양심과 건강을 알아야 하니까요.
겸손한 사람과 거만한 사람도 아닙니다.
짧은 인생에서 잘난 척하며 사는 이를
사람으로 볼 수 있을까요?
행복한 사람과 불행한 사람도 아닙니다.
강물처럼 흐르는 시간 속에서
웃을 때가 있고 울 때가 있으니까요.

내가 말하는 두 종류의 사람은
이런 것이 아닙니다.
짐을 들어주는 사람과 비스듬히 기대는 사람입니다.
당신은 어느 쪽인가요?
무거운 짐을 지고 힘겹게 가는 이의
짐을 들어주는 사람인가요?
아니면 남에게 당신 몫의 짐을 지우고
걱정과 근심거리를 안겨주는 기대는 사람인가요?

당신은 어느 쪽인가요?

지친 마음에 평화를

밀라노의 암브로시우스

예수님, 우리를 내려다보시는 당신의 눈길이
우리를 편안한 잠으로 감싸줍니다.
우리에게 순결하고 거룩한 꿈을 꾸게 합니다.
당신의 밝은 빛 앞에 서면 죄는 벌벌 떨다가 넘어집니다.
회개하는 눈물 속으로 죄의식은 녹아버립니다.

주님, 우리의 지친 마음에 평화를 주시고
지친 우리 몸에 안식을 주십시오.
잠들기 전 죄를 등지고 당신에게 자비를 구하는 기도가
우리의 마지막 생각이 되게 해 주십시오.

지친 마음에 평화를

잠자는 동안에도

장 칼뱅

밤에 휴식을 우리에게 주시는 하나님!
잠자는 동안 제 영혼이 당신께 깨어 있기를
당신의 사랑에 붙잡혀 있기를 기도합니다.
마음의 근심을 내려놓고 쉴 때에도
한순간도 쉬지 않고 우리를 보살피는 당신을
잊지 않게 하소서.
그리하여 제 양심이 평안하고
내일 다시 일어날 때
몸과 마음과 영혼이 새 기운으로 충만하게 하소서.

205

잠자는 동안에도

켈트족의 기도

작자 미상

오늘 아침, 화로에 불을 붙이듯
신성한 사랑의 불꽃이 나의 가슴과
오늘 내가 만나는 모든 사람들의 가슴에도 불붙기를.

어떤 질투나 악의, 분노와 두려움도
그 불을 끄지 못하기를.

무관심과 냉랭함, 수치심과 자만이
그 불 위에 찬물처럼 쏟아지지 않기를.

그보다는 신성한 사랑의 불꽃이
내 가슴속에 옮기어
하루 종일 밝게 타오르기를.

외롭고 가슴이 찬
기운 잃은 사람들을
내가 따뜻하게 덥혀 주기를
그리하여 그들 모두
신성한 사랑의 편안함을 알게 되기를.

기도합니다.

207

켈트족의 기도

바다가 사납고 파도가 거세도

•
가이사리아의 바실리우스

선하신 주님!
제 인생의 배를 당신의 안전하고 고요한 항구로 인도하소서.
죄와 다툼의 풍랑에서 벗어나게 하소서.
내가 가야 할 바닷길을 보여 주소서.
내가 가야 할 방향을 언제나 바르게 찾을 수 있도록
분별력을 새롭게 하소서.
당신 이름으로 역경과 위험을 헤쳐 나가면
우리에게 위안과 평화가 온다는 것을 아오니
바다가 사납고 파도가 거세도
바른 방향을 선택할 수 있는 힘과 용기를 주소서.

바다가 사납고 파도가 거세도

나치 수용소에서 발견된 기도문

작자 미상

오, 주님!
저에게 호의를 가진 사람뿐만 아니라
악의를 품은 사람들까지도 기억해 주소서.

그들이 우리에게 가한 고통은
하나도 기억나지 않게 하시고
대신 그 고난으로 얻은 결심과 고통에 대한 감사,
우정과 충성, 겸손과 용기, 너그러움
그리고 이 모든 것을 통해 자란
포용만을 기억하게 해 주소서.
심판의 날이 왔을 때에
우리가 맺은 열매들로 그들이 용서받게 하소서.

나치 수용소에서 발견된 기도문

에티오피아 인의 기도

작자 미상

기쁘고 행복한 한 달이 되게 하소서.

청년들은 강해지고
장성한 이는 힘을 유지하고
임신한 여자는 아기를 낳고
아기를 낳은 여자는 젖을 물리게 하소서.

나그네는 여행을 마치고
집에 거한 자들은 안전하게 있으며
풀을 뜯으러 나간 양 떼는
행복하게 돌아오게 하소서.

추수하고 출산하는 한 달이 되게 하소서.
몸을 추슬러 건강이 회복되는 한 달이 되게 하소서.

213
에티오피아 인의 기도

주님께 기도

아우구스티누스

사랑하는 주님,
오늘 밤도 깨어 있는 자들과
지키는 자들과
울고 있는 자들을 돌아보소서.
잠들어 있는 자들에게
당신의 천사들을 보내주소서.
주님, 병든 자를 돌봐주시고
약한 자들을 쉬게 하시며
생명을 잃어가는 자들을 축복하소서.
고통 중에 있는 자들을 위로하시고
곤경에 빠진 자들을 불쌍히 여기소서.
기뻐하는 자들에게는
주께서 방패가 되소서.
당신의 사랑으로.
아멘.

215

주님께 기도

당신 안에서 모든 것이 되도록

에라스뮈스

진정 당신에게 감사할 수 있도록
내 자신에게서 나를 떠나게 하소서.
내 자신이 썩어짐으로
당신 안에서 평안할 수 있으며,
나 자신을 죽임으로
당신 안에서 살 수 있나이다.
나를 시들게 함으로
당신 안에서 활짝 필 수 있고,
내 자신을 비움으로
당신 안에서 채울 수 있나이다.
내가 아무것도 아니어야
당신 안에서 모든 것이
될 수 있나이다.

당신 안에서 모든 것이 되도록

날마다 충실히 살고 순간마다 충실히 즐기며

라인홀트 니부어

주님, 바꿀 수 없는 것들을 인정하게 하소서.
그리하여 평온하게 하소서.
바꿀 수 있는 일들을 해내는 용기와
바꿀 수 있는 것과 없는 것의 차이를
구별하는 지혜를 주소서.
날마다 충실히 살고
순간마다 충실히 즐기며
고난이 평화로 가는 길임을
알게 하소서.
죄가 만연한 이 세상을
내 것처럼 여기지 않고
주님을 본받아
그저 있는 그대로
받아들이게 하소서.
주님의 뜻에 순종하면
올바른 길로 갈 수 있다는 사실을
믿게 하소서.
내게 주어진 만큼의 행복을 누리다가
다음 생에서 주님과 함께
다할 수 없는 행복을 누리게 하소서.

날마다 충실히 살고 순간마다 충실히 즐기며

고요함의 충만

•

프랑수아 샤뇨

오, 주님!
저는 홀로 걷습니다.
제 귀에 울리는 고요함
사람들의 아우성보다 이 고요함이 더 크게 들립니다.
오, 주님!
**당신을 향해 가까이 갈수록
더 깊은 고요 속으로 빠져듭니다.**
오, 주님!
저는 이렇게 홀로 걷습니다.

221

고요함의 충만

우리 눈을 열어주소서

리스티나 로제티

주님, 우리 눈을 열어주소서.
그리하여 씨앗에서 나무를
알에서 새를
고치에서 나비를 볼 수 있게 하소서.
이렇게 보는 법을 배워서
모든 피조물 안에서 당신을 만나고
당신 말씀에 귀 기울여
"나다, 두려워 말라"라는
부드러운 당신의 음성을 들을 수 있을 때까지.

우리 눈을 열어주소서

위로

존 코신

주님!
제 눈에 빛이
제 귀에 음악이
제 입맛에 달콤함이
제 가슴에 충만함이 되어 주소서.

낮에는 햇빛이
밤에는 휴식이
식탁에는 음식이
벗은 몸에는 옷이
그리고 필요할 때마다 건져주시는
구원의 팔이 되어 주소서.

225

위
로

평안한 양심으로 하루를 마감하게 하소서

● 나지안주스의 그레고리

해와 달을 하늘에 달아놓으신 주님께서
밤과 낮이 서로 평화롭게
꼬리를 물고 이어지게 하셨습니다.
주님은 해와 달을 친구가 되게 하셨고
제가 만나는 모든 것과 친구로 맺어 주셨습니다.

주님!
밤에는 우리에게 휴식을 주셔서
낮에는 열심히 일하게 하시어
평안한 양심으로 하루를 마감하게 하소서.

침상에 누울 때
당신의 손가락으로 제 눈꺼풀을 내려주시고
당신 손으로 제 머리를 받쳐주셔서
달콤한 잠으로 빠져들게 하소서.

227

평안한 양심으로 하루를 마감하게 하소서

하나님 감사합니다

1. 우리의 행동과 말로 타인에게 상처 주지 않도록 조심하는 마음을 주시니 감사합니다.
2. 십자가의 사랑으로 우리는 회복되었습니다. 우리를 온전케 하신 하나님께 감사드립니다.
3.
4.
5.
6.
7.
8.
9.
10.

11.

12.

13.

14.

15.

16.

17.

18.

19.

20.

이것을 너희에게 이르는 것은
너희로 내 안에서 평안을 누리게 하려 함이라
세상에서는 너희가 환난을 당하나 담대하라
내가 세상을 이기었노라
〈요한복음〉 16장 33절

Part 5

서로를

알게 해 줄

따뜻한 집에서

함께 쉬어요

하나님을 위한 삶

헤르마스

과부를 도와주고 고아와 가난한 이들을 보살피며,
어려움에 빠진 하나님의 종을 구하고,
손님을 따뜻하게 맞아줍니다.

다른 사람을 아프게 하지 않고 평온하며,
사람들 앞에서 자신을 낮추고
노인을 공경하며 의로움으로 살아갑니다.

형제를 더욱 사랑하며
치욕을 견디면서 인내하지만,
악한 마음은 품지 않습니다.

근심하는 사람을 위로하고
신앙에서 멀어진 이들을 다시 돌아오도록 도와주고
확신을 심어줍니다.

또 죄인을 훈계하며
빚진 자와 가난한 이를 독촉하지 않으며
억압하지 않습니다.

이렇듯 선함을 아끼지 마세요.
그러면 하나님을 위한 삶을 살 수 있습니다.

하나님을 위한 삶

유혹에 당당히 맞서게 하소서

윌리엄 로드

오, 주님!
겸손히 무릎 꿇고 빕니다.
슬기롭고
깨어 있고
참을성 있고
이해하고
경건하고
용감하게 해 주소서.
당신을 섬기려는 결의가 가득하고
모든 유혹에 당당히 맞서는 영혼을
우리에게 허락하소서…….

235

유혹에 당당히 맞서게 하소서

긍휼

●
헨리 나우웬 외 《긍휼》 서문 중에서

긍휼은 상처가 있는 곳으로 가라고
고통이 있는 장소로 가라고
깨어진 아픔과 두려움, 혼돈과 고뇌를 함께 나누라고 촉구한다.

긍휼은 비참한 상태에 있는
사람들과 함께 울부짖고
외로운 사람들과 함께 슬퍼하며
눈물 흘리는 자들과 함께 울라고 한다.

긍휼은 연약한 사람들과 함께 연약해지고
상처 입기 쉬운 자들과 함께 상처 입기 쉬운 자가 되며
힘없는 자들과 함께 힘없는 자가 되라고 한다.

궁률

상한 심령을 지나치지 말고

게릿 구스타프슨

우리가 사는 세상은
할 일들이 앞다투어 밀려와
우리의 모든 시간과 힘과
관심을 요구한다.
하지만 다급하게 해야 할
더 큰일이 있으니
상한 심령 그냥 지나치지 말고
그 짐을 함께 나누라.

상한 심령을 지나치지 말고

다른 이들의 궁핍을 잊지 않고

다그 함마르셸드

당신은 우리를 자유롭게 지으셨고
우리에게 일어나는 모든 일을 아십니다.
그러면서 당신은 승리를 확신하십니다.
당신은 이 시대에 처절한 외로움으로 괴로워하는
우리 가운데 한 분이십니다.
내 안에 계신 분이여,
저의 때가 되거든 당신 짐을 지게 해 주십시오.
우리 위에 계시는 당신
우리 가운데 계시는 당신
또한 우리 안에 계시는 당신
제 안에서
모든 사람이 당신 뵙게 되기를!
당신의 길을 준비하고
제 운명으로 주어진 모든 것에 감사하고
다른 이들의 궁핍을 기억하고
당신 사랑 안에 언제나 머물게 하소서.

당신 앞에서 겸손, 당신 곁에서 믿음, 당신 안에서 평화! 다그 함마르셸드

241

다른 이들의 궁핍을 잊지 않고

길 나서는 이를 위한 축도

●
독일 찬송가 속지에 실린 글

주님이 그대 앞에 계셔서
그대에게 바른 길 보이시기를
주님이 그대 곁에 계셔서
그대를 팔로 껴안아 지키시기를
주님이 그대 뒤에 계셔서
못된 사람들의 나쁜 계획에서 그대를 보호하시기를
주님이 그대 아래 계셔서
그대가 떨어지면 받아주시고 그대를 덫에서 꺼내어 주시기를

주님이 그대 안에 계셔서
그대가 슬퍼할 때 위로하시기를
주님이 그대 곁에 계셔서
누군가 그대를 덮칠 때 막아주시기를

주님이 그대 위에 계셔서
그대에게 복 주시기를 원하노라.

길 나서는 이를 위한 축도

아들을 위한 기도

더글러스 맥아더

주님, 제 아들이 이렇게 되길 원합니다.
정직한 패배에 당당하고 꿋꿋한,
승리에 겸손하고 온화한 아들이 되게 하여 주옵소서.

그를 평탄하고 쉬운 길이 아닌
고난과 도전의 긴장과 자극 속으로 인도해 주옵소서.
폭풍우 속에서 용감하게 일어설 수 있으며
넘어지는 사람들을 불쌍히 여기게 하소서.

마음이 맑고 목표가 높으며,
남을 다스리려 하기 전에 자신을 다스릴 줄 알며,
소리 내어 웃을 줄도 울 줄도 알고,
내일을 향해 나아가되
결코 지난날을 잊지 않는 아들이 되게 해 주소서.

나는 소망하고 기도한다. 내가 죽고 없을 때 내 아들이 전쟁터에서의 내가 아니라
집에서 아들과 함께 하늘에 계신 하나님 아버지를 찾고 기도하던 나를 기억해 주기를. 더글러스 맥아더

아들을 위한 기도

모퉁이를 밝힌다면

헬렌 스타이나 라이스

숭고한 사람이나 미천한 사람이나
중요한 일이 있습니다.
그대의 무수한 선한 뜻을
몸소 옮길 수 있는
보다 넓고 새로운 영역을
하나님께서 앉혀 주신 그 자리에서
그대 주위의 생명들을
밝혀주는 조그만 일들을
어서 시작하십시오.

더 심원하며 더 구하며
저마다 있는 그 자리를
누구나 환히 밝힌다면,
자기가 서 있는 모퉁이를
저마다 환히 밝힌다면
이 어둡고 쇠잔한 세상에서
저녁별 그 빛 이윽고 사라집니다.

예수께서는 새로운 종교로 부르시는 것이 아니다. 생에로 부르신 것이다.
그 생은 이 세계에 있어서의 당신의 고난에 동참하는 것이 아닐까? 디트리히 본회퍼

모퉁이를 밝힌다면

다가오는 날에는

•

윌리엄 바클레이

오, 하나님!
우리가 이웃과 더불어 살아가기 어렵게 만드는
허물을 용서해주소서.
우리가 혹시 나만 어렵게 사는 줄 알고 실망하거든
자기만 유독 힘들게 일하는 줄 알고 불평하거든
자기만 절망적인 상황에 처한 줄 알고 낙심하거든
우리가 혹시 지나치게 자기중심적이거나
지나친 자기연민에 빠져 있거든
오, 하나님! 우리를 용서해주소서.

우리가 혹시 다른 사람들을 자주 화나게 하거든
좋은 일을 억지로 하다가 망치거든
사람들 신경 거스른 일을, 그들이 하지 말라고 해도 멈추지 않거든
오, 하나님! 우리를 용서해주소서.

우리 삶에서 저만 아는 마음과 추함을 없애 주시고
다가오는 날에는 좀 더 나은 사람이 되게 해 주소서.

어제는 가버렸고 내일은 아직 오지 않았습니다. 우리에겐 오늘이 있을 뿐입니다. 자, 시작합시다. 마더 테레사

다가오는 날에는

당신 그리고 나

헨리 앨포드

당신과 나는 함께여야 합니다.
우리는 서로를 간절히 원하지요.
꿈과 희망,
계획하고 보고 이루어내는 것들을 이해하기 위해
동료요, 위안을 주는 자요, 친구이자 안내자.
사랑이 사랑을 부르는 만큼
생각은 또 생각을 부릅니다.
인생은 속절없이 짧고
외로운 시간은 빠르게 지나갑니다.
당신과 나, 우리는 함께여야 합니다.

더 많이 사랑하는 것 외에 다른 사랑의 치료 약은 없다. 헨리 데이비드 소로

당신 그리고 나

승리의 깃발을

히폴리투스

우리를 다스리시는 그리스도시여!
당신의 강한 손을 교회 위에,
당신을 믿는 사람들 위에 펼쳐주소서.
저들을 지켜주시고 보호하소서.
저들을 위해 싸워주시고
저들을 적대하는 보이지 않는 권세를 물리쳐주소서.
**우리 위에 승리의 깃발을 휘날리시어
승전가를 부르게 하소서.
영원토록 우리를 다스려주소서.**

승리의 깃발을

우리에게 선물로 주신 일에 충성을

●
장 칼뱅

구원자이신 우리 하나님 아버지,
살아가는 데 필요한 것들을 채우기 위해 일하라고 명령하셨으니
우리 노동을 축복하셔서
그것이 우리 몸과 영혼을 먹여 살리게 하소서.
하나님께서 우리 각자에게 선물로 주신 특별한 임무에 최선을 다하되
다른 사람이 하는 일을 시샘하지 않게 하소서.

**가난한 사람들에게 필요한 것을
채워주려는 선한 마음을 주시고
도움을 준 이들에게 우쭐거리며
그들 위에 올라서려는 마음은
조금도 품지 않게 하소서.**

혹시 우리를 더욱 심한 가난으로 데려가시려거든
마음으로 저항하거나 후회하지 않게 하소서.
겸손하고 감사한 마음으로
저를 돕는 자들을 받아들이게 하소서.
무엇보다 일상 속에서 당신에게 받는 은혜가
영원한 은혜와 이어져
몸과 영혼이 당신의 영광을 바라보며 살게 하소서.

하나님 제 생명이 다하는 날까지 제게 일을 주소서.
제 일이 끝날 때까지 제게 생명을 주소서.　소설가 위너프리드의 묘비명

255

우리에게 선물로 주신 일에 충성을

두려움이 아닌 사랑과 힘을

●
에드워드 벤슨

하나님 당신은 우리에게
두려움이 아닌 사랑과 힘을
훈련의 영을 주셨습니다.
건방지고 자만하지 않게 하시고
악마의 유혹에 넘어지지 않게 하시고
흠이 없고 온유하며 침착하고
질서 바르게 행동하며
나그네를 사랑하고
착한 이들을 아끼고
잘 참고 부드럽고 담대하여
사람들을 잘 가르칠 수 있게 하소서.
남과 경쟁하기 좋아하고
돈을 좋아하는 자가 되지 않게 하시고
제 집안을 잘 다스리게 하소서.

두려움이 아닌 사랑과 힘을

저를 도와주소서

리처드 챌로너

기도할 때는 간절하게 기도하고
밥 먹을 때는 절제하면서 조금 먹고
맡은 일은 부지런히 충성하며 일하고
결심한 것은 한결같이 지켜나가는 사람이 되게 하소서.
양심은 언제나 바르고 순수하며
겉모습은 유순하고
이야기는 정직하며 간결하게 하도록
저를 도와주소서.

259

저를 도와주소서

나의 말이 좋은 씨가 되게 하소서

●
미셸 꼬와

주여, 말로써 잘못한 것을 용서해주소서.
아무것도 아닌 것을 가지고 한 말을 용서하소서.

공허한 말로
거짓말로
비겁한 말로
주님을 드러내지 않는 말로
내 입술을 더럽힌 날들을 용서하소서.

주여, 모임에 나가 논의하고
형제와 이야기할 때
나를 도와주소서.

내 말이 좋은 씨가 되고
내 말을 받아들이는 사람이
풍성한 결실을 얻게 해 주소서.

나의 말이 좋은 씨가 되게 하소서

따뜻한 집에서 함께 쉬어요

크리스티나 볼드윈

사랑스럽고 그리운 낯선 당신이여,
우리를 배부르게 할 이 음식을 함께 나누어 먹어요.
**자연의 평화를 알려 줄 이 길을 함께 걸어요.
서로를 알게 해 줄 따뜻한 집에서 함께 쉬어요.**
포근함을 전해 줄 이 부드러운 이불 속에서
함께 잠들어요.
하나님의 이름으로 우리를 인도해 줄
기도를 함께 드려요.

263

따뜻한 집에서 함께 쉬어요

아일랜드 인의 기도

작자 미상

당신의 손에
늘 할 일이 있기를 소망합니다.

당신의 지갑 속에
몇 개의 동전이 있기를 소망합니다.

그대 유리창으로
밝은 햇빛이 늘 비추기를 소망합니다.

비 온 뒤
언제나 무지개가 떠오르기를 소망합니다.

그대 곁에
늘 친구의 손길이 머물기를 소망합니다.

하나님께서 그대의 기운을 북돋아 줄 기쁨으로
당신의 가슴을 채워주기를 소망합니다.

아일랜드 인의 기도

당신의 자비를 날마다 기억하겠습니다

살레지오 프랑시스코

얕은 생각과 이롭지 않은 계획을 끊겠습니다.
잘못된 교제와 못된 행실과 방종을
이제 그만두겠습니다.

나의 구원자시여
지금 이 순간부터 당신만을
내 관심의 중심에 놓겠습니다.
저를 향한 당신의 자비를
날마다 기억하겠습니다.

지난날 탐닉하던 허망한 것들이
이제는 혐오스럽기만 합니다.

오, 하나님!
나의 이런 결심을 받아주소서.

당신의 자비를 날마다 기억하겠습니다

아프리카 인의 기도

작자 미상

어린이들을 보살펴주소서.
그들은 갈 길이 멉니다.

노인들을 보살펴주소서.
그들은 먼 길을 걸어왔습니다.

어린이도 노인도 아닌 이들을 보살펴주소서.
그들은 살림을 맡고 있습니다.

자신이 아직 맛보지 않은 어떤 것을 찾으려면 자신이 알지 못하는 곳으로 가야 하고
소유하지 못한 것을 소유하려면 자신이 소유하지 않은 곳으로 가야 한다.   십자가의 요한

269

아프리카인의 기도

아침 기도를 드리기 전

●
오래된 하시디즘의 시

아침 기도를 드리기 전
그대의 혀에 특별히 신경을 써라.
친구에게 인사를 하는 것도
이 시간에는 해로울 수 있다.
아침에 일어나는 사람은
새로운 창조물과 같다.
불친절한 말이나
사소한 문제로 하루를 시작하면
나중에 기도를 드린다 해도
그대의 창조주께서 진실하지 못하게 된다.
매일 그대가 하는 모든 말들은
서로 연결되어 있다.
그 말들 모두
그대의 첫마디에 뿌리를 두고 있다.

아침 기도를 드리기 전

중보기도

● 알렉산드리아의 클레멘트

오, 주님!
우리를 도우소서.
환난을 겪는 이가 있다면 건져주시고
구원을 허락하소서.
비천한 자를 긍휼히 여기시고
쓰러진 자를 일으키시고
궁핍한 자에게 당신을 드러내소서.
경건에서 멀어진 자를 고쳐주시고
배고픈 자를 먹여주시고
방황하는 당신의 백성을 돌이키시고
연약한 자에게 힘을 주시고
근심하는 자를 위로하소서.
오직 당신만이 우리의 하나님이시며
예수 그리스도는 당신의 아들이시며
우리는 당신의 백성이며
당신이 돌보시는 양 떼임을
알게 하소서.
아멘.

중보기도

빈 그릇

●

마르틴 루터

주여 보소서.
여기 채워야 할
빈 그릇이 있나이다.
나의 주여!
이 그릇을 채워주소서.
나의 믿음이 약하오니
나를 강하게 하소서.
사랑에도 냉랭하오니
나를 온화하게 하시고 뜨겁게 하소서.
그리하여 나의 사랑이
이웃에게 전해지게 하소서.

하나님께서 우리를 가득 채우시도록 가능한 텅 빈 채로 남아 있게 해 주소서.　마더 테레사

275

빈 그릇

당신의 눈길을 사모하게 해 주소서

●
친첸도르프

지극히 사랑하는 주님!
이 땅의 모든 영혼들이
높든 낮든
부유하든 가난하든
당신의 눈길을 사모하게 해 주소서.
우리 또한 우리가 만나는 사람들에게
당신의 희생적인 사랑을 증거하고
당신의 눈길에 사로잡힌 사람들이
계속 성장하는 것을 보게 하소서.
우리가 당신을 뵙고
"주님, 마침내 온 땅의 영혼이
당신의 밝은 사랑의 빛 아래로 인도되어
하늘나라를 가득 채웠습니다."
라고 말씀드릴 수 있을 때까지
쉬지 않고 일하겠습니다.

당신의 눈길을 사모하게 해 주소서

저를 이끌어주소서

요한 프레이링하우젠

주님!
제가 할 일을 바로 하고
**범죄와 두려움, 불안과 분노 사이에서
서로 화해할 수 있도록 저에게 힘을 주소서.**
주님, 저를 앞으로 이끌어내셔서
인생의 온갖 아픔과 문제를
기쁘게 감당할 수 있는
단계까지 나아가게 해 주소서.
미래의 낙원에서 얻게 될 성취 때문이 아니라
완전한 사람으로 살아가는 것이 무엇인지 알기에
그냥 그렇게 살아가도록
저를 이끌어주소서.

저를 이끌어주소서

사랑

에드윈 마크햄

그들은 나를 쫓아내기 위해 원을 그렸다.
이단자, 반역자라고 외치며 나를 경멸했다.
하지만 나에게는 승리할 수 있는 지혜와 사랑이 있었다.
나는 더 큰 원을 그려서 그들을 데리고 들어왔다.
주님의 사랑 안으로.

281

사
랑

재림을 바라는 기도

●
토머스 크랜머

전능하신 하나님
어둠의 일을 물리칠 은혜를 주소서.
빛의 갑옷을 입게 하소서.
이 유한한 생명을 지켜가는 동안
겸손으로 우리에게 오신
예수 그리스도 안에서 그리하게 하옵소서.
마지막 날,
그가 다시 영광스러운 위엄으로 오실 때에
산 자와 죽은 자를 심판하실 것이니
그때 우리는 영원한 생명 안에 거하기 원합니다.
그로 말미암아 산 자들이
주님의 성령으로
지금부터 영원히 다스려지기를 바라옵니다.
아멘.

재림을 바라는 기도

하나님 감사합니다

1. 어디로 가야 할지 모를 때 길을 알려 주시니 감사합니다.

2. 이웃의 고통을 보고 아파할 수 있는 마음을 주시니 감사합니다.

3.

4.

5.

6.

7.

8.

9.

10.

11.

12.

13.

14.

15.

16.

17.

18.

19.

20.

평안을 너희에게 끼치노니
곧 나의 평안을 너희에게 주노라
내가 너희에게 주는 것은
세상이 주는 것과 같지 아니하니라
너희는 마음에 근심하지도 말고 두려워하지도 말라

〈요한복음〉 14장 27절

쓰면서 응답받는 감사기도

유성준 엮음

발 행 일   초판 1쇄 2016년 1월 23일
발 행 처   도서출판 평단
발 행 인   최석두

등록번호   제2015-000132호 / 등록일 1988년 7월 6일
주   소   경기도 고양시 덕양구 통일로 140 삼송테크노밸리 A동 351호
전화번호   (02)325-8144(代) / FAX (02)325-8143
이 메 일   pyongdan@hanmail.net
I S B N   978-89-7343-430-5 (13230)

ⓒ 유성준, 2016

*잘못된 책은 바꾸어 드립니다.

이 도서의 국립중앙도서관 출판시도서목록(CIP)은 서지정보유통지원시스템 홈페이지(http://seoji.nl.go.kr)와 국가자료공동목록시스템(http://www.nl.go.kr/kolisnet)에서 이용하실 수 있습니다.
(CIP제어번호: CIP2015035221)

*저작권법에 의하여 이 책의 내용을 저작권자 및 출판사 허락 없이 무단 전재 및 무단 복제, 인용을 금합니다.